「歪情報」の政治学
アメリカの台湾政策を読み解く

村上政俊
Murakami Masatoshi

晃洋書房

ま え が き

　本書執筆の背景の1つとして，台湾情勢の緊迫化がある．近時，台湾海峡情勢に対する懸念が，急速に高まっている．アメリカは，特に第一次トランプ政権（以降，本書中において特に断りが無い場合は「トランプ政権」とする）以降，台湾に対するコミットメントを急速に深化させている．一方で中国は，台湾を核心的利益であると主張し，武力による台湾統一を放棄していない．こうした中で台湾が，米中対立の争点として，大きな注目を集めている．

　とりわけ本書では，アメリカの台湾政策に着目する．アメリカは，中華人民共和国との国交正常化以降，台湾と国交を有していない．しかしながら，1979年台湾関係法に基づいて，台湾に対する武器売却を実施しており，台湾にとってアメリカは，正式な国交国ではないものの，最も重要な安全保障上のパートナーである．アメリカの台湾政策が，台湾情勢を大きく左右する決定的な影響力を有していることが，本書で事例として取り上げる理由である．

　アカデミズムに対する本研究の貢献としては，以下を挙げることができる．アメリカの台湾政策についての研究は，台湾内政，中台関係と比較すると，蓄積が乏しい．特に，トランプ，バイデン両政権下での台湾政策についての研究は，資料的制約もあり，大きな進展をみていない．そうした中で，本書による研究成果は，これまでの研究上の空隙を埋め合わせることが期待される．

　加えて，本書で提唱する新しい情報モデルによって，資料的な制約条件下でも，研究が進展する可能性を導いていく．きわめて近い過去の政策形成については，重要公文書の多くが未だ公開されていないという資料的な制約が存在している．こうした資料的制約は，同時代的な政策研究を実施する上で，共通して存在する課題といえるだろう．本書の新しい情報モデルは，これまで大きな困難を伴っていた同時代的な政策研究に対して，画期的な選択肢を示している．

　社会的意義についても述べたい．ここ数年，いわゆる台湾有事を巡る議論が，学界だけではなく，日本社会一般においても盛んになってきている．一方で，

ii

本書で詳述するように，アメリカの台湾政策についての研究蓄積は，未だ乏しいのが現状である．そうした中で，本研究がアメリカの台湾政策，あるいは米台関係に関する知見を社会に対して提供することは，台湾有事を巡る社会的議論に，厚みをもたらすものと思われる．

　さらには，本研究において政策発信を分析することには，以下のような意義が認められる．つまり，本研究で新たに提示する「歪情報仮説モデル」は，本書で取り上げる事例分析に役立つにとどまらず，政策予測にも資する．本書の研究成果を通じて，政策についての予見可能性が高まれば，社会的な意義が認められよう．

　なお，本書中の人物の役職や職位は，執筆当時のものである．

iii

目　　次

まえがき

第1章　アメリカの台湾政策を読み解く視座 ……………………………… 1
　　1　本書の構成　（1）
　　2　本研究の位置付けと検討の視点　（1）

第2章　大統領，連邦政府，連邦議会と台湾政策 ………………………… 11
　　はじめに　（11）
　　1　歴代政権の台湾政策の変遷　（11）
　　　　──国家安全保障戦略から読み解く──
　　2　トランプ大統領と台湾　（14）
　　3　トランプ政権の戦略文書，高官発言からみた台湾　（17）
　　4　連邦議会，政党による台湾関与　（24）
　　5　要 人 往 来　（35）
　　6　米台窓口機関，外交当局による協力　（51）
　　おわりに　（56）

第3章　アメリカの台湾政策の核心 ………………………………………… 67
　　　　──台湾への武器売却とレーガン大統領による6つの保証──
　　はじめに　（67）
　　1　アメリカによる台湾への武器売却　（67）
　　2　台湾の国防能力に対するアメリカの評価　（76）
　　3　公然化する軍事的バックアップと緊密化する米台軍事関係　（81）
　　4　台湾と国交国の関係およびアメリカの反応　（96）
　　5　アメリカのシンクタンクによる台湾への関与　（104）

iv

6 台湾政策をめぐるワシントンにおける議論 （115）
──レーガン大統領による6つの保証，戦略的曖昧性──

お わ り に （121）

第4章 政策発信と政策形成 …………………………………………………… 135
──アメリカの台湾政策を事例とした歪情報仮説モデルによる実証分析──

は じ め に （135）

1 歪情報仮説モデル （140）

2 実 証 分 析 （143）

お わ り に （148）

終　章 「歪情報」から読み解くアメリカの台湾政策 ……………………… 153
──トランプ2.0を迎えて──

は じ め に （153）

1 本研究の概要 （154）

2 政策的含意 （154）

3 結びにかえて （155）

あ と が き （159）

主要参考文献 （161）

人 名 索 引 （165）

事 項 索 引 （168）

第1章
アメリカの台湾政策を読み解く視座

1 本書の構成

　本研究は，以下のように展開していく．第1章で問題の所在を明らかにした上で，第2章では，アメリカの台湾政策について，大統領や連邦政府，連邦議会等の観点から，検討する．第3章では，アメリカによる台湾への武器売却等に着目しつつ，アメリカの台湾政策の核心について，考察する．第4章では，「歪情報仮説モデル」を新たに提唱したうえで，アメリカの台湾政策への適用を試みる．最後に，終章で本書のまとめを行い，結論と今後の課題を述べる．

2 本研究の位置付けと検討の視点

（1） アメリカの台湾政策を検討する必要性

　米台関係についての先行研究としては，たとえば，松田康博や門間理良による業績を挙げることができる．松田は，李登輝政権期まで[1]，陳水扁政権期[2]，馬英九政権期[3]，蔡英文政権期[4]という区分を用いながら，それぞれの時期における米台関係について，論考を発表している．門間からも，米台関係に関連する業績が発表されている[5]．

　こうした論考を参照することによって，米台関係の変遷を辿ることは，十分に可能である．一方で，上記の先行研究，特に松田による一連の論文は，台湾において誰が政権を担当しているのかを基準として，時期区分を設定していることから，あくまでも台湾を主軸としつつ，考察が進められていることが看取

される.

　松田によって,「経験的に言って, ① 台湾の内政, ② 対中国関係, ③ 対米関係という３つの領域は, 相互に影響しあう関係にあるが, 主としてこの順番で影響が伝播する[6]」という見方が示されている. ここでは, 台湾の内政がまず挙げられており, 上述した時期区分の設定の背後にある問題意識とも, 符合しているといえよう. こうした見方が台湾の政治外交について支配的だったことから, 台湾内政や中台関係に比べると, 米台関係に向けられる関心は, 相対的に小さかったといえよう.

　米台関係そのものに, 十分な注目が集まってこなかったほかの要因としては, 米中関係への関心が優先していたことも挙げられるだろう. 米中国交正常化の過程においても, 中国側は台湾問題をきわめて大きな懸案と捉えていた. 台湾問題は, 米中関係の争点だっただけではなく, アメリカと中国の接近を促す役割を果たしたこともあった. 陳水扁総統が台湾独立の色彩を強めると, 台湾独立への反対という点で米中が一致し, 台湾問題の管理という視点を米中が共有するに至った.

　以上からは, 台湾問題が米中関係における争点であっても, あるいは事実上の一致点であっても, いずれにしても米中関係における台湾問題の位置付けが関心の中心であったという点では, 変わりなかったといえよう. こうした意味では, 米台関係に比べて, 米中関係への関心が上回っていたと考えられる.

　本書が主な検討対象とするのはトランプ政権期以降であるが, それより以前のアメリカも, 台湾にとって安全保障上最も重要なパートナーであった. 米台断交の直後に成立した台湾関係法に基づいて, 台湾への武器売却が実施されていた.

　しかし, 武器売却を中核とする台湾へのコミットメントは, ローキーで実施されることが多かった. 台湾総統はアメリカの土を踏むことは許されていたものの, それはあくまで第三国への外遊に際してのトランジットとしてであり, しかもトランジット先で派手に動き回ることには高いハードルがあった. 武器売却は実施されていたものの, 台湾が求めていた戦闘機売却には, クリントン, ブッシュ・ジュニア, オバマという歴代３政権ともに応じなかった. オバマ政

権期には，武器売却そのものが 4 年以上にわたって決定されなかった．安全保障上の利益や連邦議会の親台派への配慮などから，台湾へのコミットメントがゼロとなることはなかったが，一部では台湾放棄論が唱えられることさえあった．

　状況が大きく変わったのは，トランプ政権期であった．米中対立の激化を背景としながら，本書で詳述するように，アメリカは台湾への関与を急速に深化させていった．コミットメントの深化について，本書がキーワードとして挙げるのが，台湾への支援の「公然化」である．従前は北京への配慮もあって，台湾への支援にあたっては，既述のようにローキーで実施されることが多かった．だがトランプ政権期には，実施をプレイアップする局面が増え，台湾への支援が公然化しており，大きな変化が生じている．

　トランプ政権期にも，中国側からは依然として，台湾問題を共同で管理しようというボールが投げられることがあったという．2018年11月にワシントンで開催された第 2 回米中外交・安全保障対話（Diplomatic and Security Dialogue）で，楊潔篪中国共産党中央政治局委員は，台湾の独立を阻止することは米中双方の利益になると，アメリカと中国がまるで共謀者（co-conspirator）であるかのように語ったという[7]．確かに既述のように，たとえば陳水扁政権期には，台湾問題が米中接近を促したこともあった．しかしながらトランプ政権期には，ワシントンによる北京への配慮が後退したことによって，アメリカによる台湾への関与は，深まりをみせていった．

　だが上述したように，米台関係への関心がこれまで相対的に小さかったこともあり，アメリカの台湾政策について近年生じている変化，あるいはこれから生じる可能性のある変化については，学術的な分析が十分に進んでいるとは未だいえない状況だ．加えて，トランプ政権期以降については，資料的制約があると考えられてきたことも，研究の進展していない理由として挙げることができる．

　以上から，トランプ政権期以降を検討の中心に据えつつ，アメリカの台湾政策について本書で検証することには，一定の意義が認められるといえよう．

（２）　大統領，連邦政府，連邦議会そして軍やシンクタンクへの着目

　トランプ政権期のアメリカによる台湾政策を論じるにあたって，まずはトランプ大統領およびその政権に注目する必要があるだろう．対外政策は，大統領によって主導されるべきだという主張は，トランプ政権自身によっても展開されている．たとえば，2020年3月に発出された大統領声明で，大統領が「対外関係における国家の『唯一の機関（sole organ）』」だと主張した[8]．こうした考え方は，トランプ政権に固有のものではない．アメリカ法学の分野においては，大統領こそが外交を担う唯一の機関だとする考え方は，「唯一の機関論（sole organ theory）」とよばれている[9]．よって，台湾政策について考察する上では，大統領に，まずは着目する必要がある．加えて，大統領を支える連邦政府の動向についても，検討対象とする．

　他方でアメリカ合衆国憲法は，外交に関する権限について，大統領と連邦議会に分割して付与している．大統領は軍を統帥するが，開戦は議会によって宣言される．大統領は条約を締結できるが，批准には議会上院3分の2の特別多数による賛成が必要である．大統領は大使等の官吏の指名について，議会上院の承認を受けなければならない．合衆国憲法の一連の規定を踏まえると，アメリカ外交について考察するならば，連邦政府の政策にとどまらず，連邦議会の動向にも着目する必要がある．そして台湾政策も，その範疇に含まれる．加えて，トランプ政権期に連邦議会によって活発に展開された立法活動は，アメリカの台湾政策の重要な推進力となっており，本書でも詳細に検討する．

　大統領や連邦政府，連邦議会に加えて，本書では，アメリカの台湾政策において，シンクタンクが果たす役割に着目し，検討を進めていく．久保文明は，シンクタンクを含む政治的インフラストラクチャー（political infrastructure）について，「直近の選挙や政治過程において影響力を発揮するだけでなく，中長期的かつより一般的な政治的影響力の増進を目的として，特定の政治勢力あるいは特定の政策専門家集団が構築し，あるいは利用する団体・組織・制度を指す．具体的には，シンクタンク，財団，政策研究所，メディア，メディア監視団体，雑誌，大学，政治家養成団体などである」というとりあえずの定義を示し，その筆頭にシンクタンクを挙げている[10]．

その影響力について久保は、「アメリカの場合、第一に、全体として、政治インフラの規模と影響力双方とも巨大であることが特徴であろう」と述べており、本書において、シンクタンクを検討対象とすることは、意義深いと考えられる。

アメリカ政治とシンクタンクの関係については、アメリカにおいてさえも研究が進んでいない。台湾政策におけるシンクタンクの役割についても、先行研究はほとんど蓄積されていないといえる。本書では、宮田智之によるアメリカのシンクタンクに関する研究を参照しつつ、台湾政策におけるシンクタンクの役割について分析する。シンクタンクに加えて、公然化する台湾へのコミットメントの担い手の1つである軍にも注目して、分析を進める。

本書とすでに触れた先行研究との違いは、アメリカ側からの視点に基づいて、研究を進めている点である。本書のタイトルに「アメリカの台湾政策」という表現が含まれている点に、こうした特徴が凝縮されているといえよう。大統領や連邦政府にとどまらず、連邦議会そしてシンクタンクや軍を検討の対象としていることも、本書の大きな特徴である。

加えて、アメリカと台湾の間での要人の往来も、分析の対象とする。台湾への武器売却については、売却決定の回数や総額といった量的側面だけでなく、充実著しかった質的側面についても分析する。アメリカの台湾政策をめぐって、ワシントンにおいて近年交わされている議論について、武器売却を巡るレーガン大統領による6つの保証（Six Assurances、中国語で六項保證）等を手掛かりとしつつ検討する。

（3）資　料

本書は、執筆の時点からきわめて近い過去を、主な検討対象としている。したがって、連邦政府の政策形成について、明らかにしてくれるであろう重要公文書の多くが、未だ公開されていないという資料的な制約が存在している。

他方で、こうした制約を打ち消す要素がいくつか存在している。台湾政策に関係する重要な文書の機密指定が、トランプ政権によって解除されたことは、本研究を進める上ではきわめて有用である。「インド太平洋におけるアメリカ

の戦略的枠組み」については，トランプ政権が終焉する直前の2021年1月に，機密指定が20年以上も前倒しで解除された．一部に黒塗り部分が残っているとはいえ，この文書は本文で詳述するように，トランプ政権のインド太平洋戦略にとって重要な意味を持っているだけでなく，台湾についての記述も含んでいることから，「戦略的枠組み」についての考察を通じて，アメリカの台湾政策への理解を深めることができるだろう．

　レーガン大統領による6つの保証に対する機密指定も，トランプ政権によって解除された．アメリカと中国の間で1982年に交わされた共同コミュニケでは，台湾への武器売却が中心テーマとなった．コミュニケには，武器売却の漸次削減が盛り込まれた．一方でアメリカは，武器売却に終期を設けない等の台湾に有利となる6点を，台湾側に伝達した．本書で詳述するように，近年アメリカは，6つの保証を公然と語るようになってきているが，そのメルクマールとなる動きが，トランプ政権による機密指定の解除だった．資料としての6つの保証，特にその公然化の流れについては先行研究が皆無であり，詳細に分析することは，アメリカの台湾政策を考える上で，きわめて重要であるといえよう．

　加えて，トランプ政権元高官による回顧録や著名ジャーナリストによる政権内幕本も，本研究では資料として活用した．たとえば，ボルトン元大統領補佐官の回顧録は，きわめて近い過去の政策過程について，前例がないほどに詳細かつ率直に記している．したがってこの回顧録を通じて，公開情報のみでは知ることができない政策情報が得られ，トランプ大統領自身の台湾観等について考察するにあたり，検討材料として活用した．

　以上のような資料を活用しながら資料的制約を克服しつつ，トランプ政権の台湾政策について，検討を加えた．

　アメリカ政治においては，連邦政府以外のアクター，すなわち連邦議会やシンクタンクの果たす役割が上述のように大きい．これらアクターの資料は，連邦政府の資料よりも公開度が高いことから，資料へのアクセシビリティという点では，本研究を進める上でプラスとなるだろう．

　米台関係の構造的な特色にも，本研究は助けられることになろう．アメリカと台湾の間には，正式な国交が存在しておらず，行政府が実行可能な施策には，

おのずから限界が存在している．アメリカと日本の関係を含む国交が存在する通常の二国間関係に比べれば，連邦政府以外のアクターが果たす役割が大きく，資料利用という点では，有利に働くだろう．

したがって，トランプ政権期以降の重要文書の多くが未公開である現時点においても，台湾政策についての検討を十分に進めていくことができるといえる．

なお筆者は，台湾外交部からの招聘で台湾奨助金（Taiwan Fellowship）に参加し，台湾大学国家発展研究所において，訪問学者として，在外研究を2020年1月から3月まで実施した．加えて政府系シンクタンクの中華経済研究院（2023年夏），国防部傘下の国防大学（2024年夏）でも在外研究にあたっており，その成果も踏まえながら，本書を進めていくこととしたい．

（4）「歪情報仮説モデル」の定式化，先行研究との差異

加えて本書では，新しいモデルの定式化も試みる．公文書の内容が常に正しいものであるという前提は，正しいといえるだろうか．政策に関するほとんどの先行研究は，政策発信が正しいという前提で，分析がなされてきた．また，ディスインフォメーションをはじめとする情報戦にも注目が高まっており，「正しい」とされている情報の真実性に対して，疑問が呈されるようになりつつある．

上記の問題意識を踏まえて第4章では，政策発信が正しくなされていると想定する従来のアプローチである「正情報仮説モデル」に対して，歪められた政策発信がなされる可能性を想定する「歪情報仮説モデル」の定式化を試みる．そのうえで，アメリカの台湾政策を事例として，歪情報仮説モデルにあてはめて，実証分析をおこなう．

本研究はいくつかの点において，先行研究と異なっている．まず上述のように，新しいモデルを用いて実証分析をおこなう点は，本研究の新奇性として挙げることができる．

第4章においては，新しいモデルを適用しつつ，政策発信の取り扱いに関して，先行研究との差異について詳述する．分析対象とするバイデン大統領の発言について，先行研究においては，正しいとの前提を置いているものと考えられる．一方で本研究では，歪められた発信であると仮定する議論を展開し，先

行研究とは異なる可能性を指摘するに至った.

　すでに述べたように本研究では，多くの先行研究とは異なり，アメリカ側からの視点に基づいて，研究を進めていく．加えて，連邦政府以外のアクターにも注目して分析する．合衆国憲法によって議会上院は外交政策に影響力を有しており，連邦議会に着目する．シンクタンクにも注目する．ワシントンのシンクタンクが競って台湾との関係を強化しているが，これまで台湾政策はおろか，アメリカの外交政策に対する影響についてすらほとんど検討されておらず，分析対象にも本研究のオリジナリティがある.

注
1 ）　松田康博「米中関係における台湾問題」高木誠一郎編『米中関係──冷戦後の構造と展開──』日本国際問題研究所，2007年 4 月27日，93ページ～120ページ.
2 ）　松田康博「『最良の関係』から『相互不信』へ──米台関係の激変──」若林正丈編『ポスト民主化期の台湾政治──陳水扁政権の 8 年──』日本貿易振興機構アジア経済研究所，2010年 1 月14日，267ページ～302ページ.
3 ）　松田康博「馬英九政権下の米台関係」『馬英九再選──2012年台湾総統選挙の結果とその影響──』日本貿易振興機構アジア経済研究所，2012年 5 月31日，109ページ～123ページ〈https://ir.ide.go.jp/?action=repository_uri&item_id=30916&file_id=26&file_no=1〉（2024年11月14日閲覧．以下，本文中のウェブサイトの閲覧日は全て同様）；松田康博「馬英九政権末期の米台関係」『国際秩序動揺期における米中の動勢と米中関係──米中関係と米中をめぐる国際関係──』日本国際問題研究所，2016年 3 月，145ページ～154ページ.
4 ）　松田康博「米中台関係の展開と蔡英文再選」佐藤幸人・小笠原欣幸・松田康博・川上桃子共著『蔡英文再選──2020年台湾総統選挙と第 2 期蔡政権の課題──』日本貿易振興機構アジア経済研究所，2020年，49ページ～80ページ.
5 ）　たとえば，門間理良「データから読み解く米台の緊密度」『外交』第57号，2019年，25ページ～31ページ.
6 ）　松田，前掲「馬英九政権下の米台関係」121ページ.
7 ）　John Bolton, *The Room Where It Happened*, Simon & Schuster, 2020, p. 313.
8 ）　"Statement by the President," White House, March 23, 2020〈https://trumpwhitehouse.archives.gov/briefings-statements/statement-by-the-president-36/〉.
9 ）　梅川健「米国の対外政策における制度的機能不全──大統領権限，議会と行政のねじれ──」『国際秩序動揺期における米中の動勢と米中関係　米国の対外政策に影響を

与える国内的諸要因』日本国際問題研究所，平成28年３月，31ページ〈https://www2.jiia.or.jp/pdf/research/H27_US/03-umekawa.pdf〉.

10）　久保文明「政治的インフラストラクチャーについて」久保文明編『アメリカ政治を支えるもの──政治的インフラストラクチャーの研究──』日本国際問題研究所，2010年，４ページ〜５ページ.

11）　久保，前掲「政治的インフラストラクチャーについて」８ページ.

第2章
大統領，連邦政府，連邦議会と台湾政策

は じ め に

　本章では，アメリカの台湾政策について，大統領，連邦政府に加えて，連邦議会や要人往来等の観点から，検討する．

　アメリカ合衆国憲法の規定を踏まえれば，アメリカ連邦議会は，外交政策に対して影響力を有している．したがって，台湾政策においても，連邦議会の動向が影響を与えている．

　要人往来にも着目して，検討を加えていく．アメリカ連邦政府の高官による台湾訪問について，閣僚による訪台も含め，詳述する．

1　歴代政権の台湾政策の変遷
──国家安全保障戦略から読み解く──

（1）　国家安全保障戦略

　アメリカ連邦政府によって公表された公式文書において，台湾がどのように位置付けられているかについて，分析を進める必要がある．

　国家安全保障戦略には，アメリカの安保戦略の基本が書き込まれていることから，以下では各政権によって出された文書に着目し，分析することとしたい．各政権による国家安全保障戦略の中で，台湾がどのように位置付けられたかについての変遷を辿ることで，俯瞰的な視座から大略をつかむことができるといえよう．

　そもそもアメリカ大統領は，ゴールドウォーター・ニコルズ国防総省再編法

（Goldwater-Nichols Department of Defense Reorganization Act[1]）によって，国家安全保障戦略の公表を義務付けられている（第603条）．同法は，1964年大統領選挙に共和党候補として出馬したバリー・ゴールドウォーター（Barry Morris Goldwater）上院議員（アリゾナ州選出）とビル・ニコルズ（Bill Nichols）下院議員（民主党，アラバマ州選出）によって提出され，1986年10月にレーガン大統領の署名によって成立した．

（2）　ブッシュ・ジュニア政権

　21世紀になって初めての「国家安全保障戦略」は，ブッシュ・ジュニア政権1期目の2002年9月に発出された[2]．前年の2001年9月11日に，アメリカ同時多発テロ事件が発生していたため，2002年戦略の重点は，テロとの闘いに置かれた．先制攻撃（preemptive action）も辞さないとする，いわゆる「ブッシュ・ドクトリン」が打ち出された．一方で米中関係の文脈において，台湾についても一定の紙幅が割かれた．中国のWTOへの加盟（2001年）を踏まえつつ，中国との貿易関係の重要性が強調されたあとに，アメリカと中国が抱える重大な不一致の例として，台湾関係法の下での台湾の自衛へのコミットメントを挙げている．これは台湾関係法に基づく台湾への武器売却について，強く示唆する表現といえよう．米中間での重大な不一致としてはほかに，人権問題が例示されている．

　ところが，台湾問題を米中関係の重要な争点とする考え方は，ブッシュ・ジュニア政権の2期目である2006年3月に発出された「国家安全保障戦略」では[3]，大きく後退している．中国と台湾は，相違を平和的に解決しなければならないとしており，そこには政権1期目の2002年戦略で示されたような，台湾への強いコミットメントはみられない．

　威圧および一方的な行動を伴わない形でとの記述もみられる．前者は北京による威圧を，後者は台湾による一方的な行動を指すと思われるが，両者が併記されたことが，2002年戦略からの大きな変化だ．

　それどころか，むしろ後者に力点が置かれていたといえよう．2003年12月にブッシュ大統領は，ホワイトハウスでの温家宝首相との会談を終えての記者会

見で，台湾の指導者の発言や行動は米中が反対する現状変更を企図しているとして，陳水扁総統を批判した．ブッシュ・ジュニア政権は，陳水扁民進党政権によって推進された独立志向の強い施策こそが，台湾海峡の安定を脅かしていると考え，そうした問題意識が，2006年戦略に反映された．

　台湾では2008年5月に，馬英九総統が就任した．馬英九政権の下で，台湾は中国との関係改善を進め，台湾をめぐる情勢は大きく変化することとなった．

（3）　オバマ政権

　オバマ政権の1期目である2010年5月に公表された「国家安全保障戦略」[4]では，中国と台湾との間での引き続きの緊張緩和を奨励すると記述され，馬英九政権発足後に進展した中台関係の改善に対して，肯定的な姿勢が示された．オバマ政権の関心が，ブッシュ・ジュニア政権による2006年戦略と同じく，台湾海峡における危機回避であったことが，2010年戦略からは強く窺われる．だが，台湾関係法や台湾への武器売却といった台湾に対するコミットメントの法的基盤や中核的要素には触れられておらず，ややもすれば中立的とも受け取られかねない態度をみせている．

　オバマ政権の2期目である2015年2月に発出された「国家安全保障戦略」[5]では，台湾に触れられることは全くなかった．2015年戦略が発出されたのちではあるが，同年11月には，習近平中国共産党総書記と馬英九中国国民党主席によって，中台分断後初めての首脳会談が，シンガポールで開催された．馬英九政権下での中台関係の改善が引き続き進み，2010年戦略で奨励された台湾海峡両岸の緊張緩和が継続進展していた．2015年戦略に台湾に関する記述がなかった背景には，台湾海峡情勢に対するアメリカの懸念が大きく後退し，台湾をめぐる情勢への関心が薄らいだことがあったといえよう．オバマ政権2期目に至り，国家安全保障戦略という「ワシントンの戦略レーダー」から，台湾が消えた．

（4）　トランプ政権

　2017年12月に，トランプ政権として初めて公表された「国家安全保障戦略」[6]においては，中国とロシアが修正主義勢力（revisionist power）と位置付けられた．

台湾については簡潔ながらも，台湾関係法の下でのコミットメントを含む「一つの中国」政策にしたがって，強固な台湾との関係を維持すると記述された．台湾の正当な防衛需要への供給という形で，台湾への武器売却にも触れられた．

21世紀に入ってから各政権によって発出された「国家安全保障戦略」において，台湾に関連する記述がどのように変遷してきたかを振り返ってみると，トランプ政権が2017年戦略において台湾への強いコミットメントを打ち出したことが，改めて理解できよう．たとえば，アメリカの台湾政策の基本である台湾関係法への言及は，2002年戦略以来で，実に15年ぶりであった．

2　トランプ大統領と台湾

（1）　トランプ次期大統領と蔡英文総統の電話会談

①トランプ電話会談とその経緯

ドナルド・トランプ（Donald J. Trump）は，アメリカ大統領選挙（2016年11月8日）に当選後の12月2日に，蔡英文台湾総統との電話会談を実施し，アメリカ大統領への当選に対する祝意を受けた．電話を掛けたのは，蔡英文総統だったという[7]．1979年にアメリカと台湾の国交が断絶してから，アメリカの現職大統領もしくは次期大統領と台湾の総統が直接言葉を交わすのは，初めてのことだった．

電話による両者の通話は，時間にすると12分間だったといい[8]，決して長いものではなかった．そのうえ，電話会談が実施された直後には，マイク・ペンス（Mike Pence）次期副大統領がこの電話会談の性格について，「儀礼的な通話（courtesy call）」であったと述べて[9]，反響が大きくなり過ぎないように，事態の鎮静化を図っている．とはいいながら，トランプ次期大統領が正式に就任する前のタイミングだったものの，国交が断絶してから初めてアメリカと台湾の首脳が直接コンタクトしたことの象徴的な意味合いは，非常に大きかったといえよう．

両者の電話会談は，慎重にアレンジされたものだったという[10]．ワシントンの保守系シンクタンクであるヘリテージ財団（Heritage Foundation）の創設者で，

所長を務めたエドウィン・フルナー（Edwin Feulner）が深く関わっていたとい[11] フルナーは，あとで詳述するように，大統領選挙直前の2016年10月だけでなく，トランプ政権が発足してからも台北を頻繁に訪れて，蔡英文総統と会談している．シンクタンクが米台関係において，調整役として機能したと思われる事例といえよう．

この他に，コンサルティング会社 D. C. International Advisory に籍を置くスティーブン・イェーツ（Stephen Yates）も，電話会談のアレンジに関わったとの報道があった[12] モルモン教の宣教師として台湾に在住した経験がある同氏には，ヘリテージ財団上級政策アナリストから，ディック・チェイニー（Dick Cheney）副大統領次席補佐官（国家安全保障担当）に転じた経歴がある．

加えて，北京の怒りをかき立てるのはよいことだというスティーブ・バノン（Steve Bannon）の助言を取り入れたのではという見方も示されている[13]

②電話会談後の展開と「一つの中国」政策への回帰

こうしたアメリカと台湾の首脳間でのきわめて異例な直接的コミュニケーションや，トランプ次期大統領自身が呈する予測不可能性[14]も踏まえつつ，翌年1月20日に正式な発足が予定されていたトランプ新政権においては，歴代政権によって長年にわたって維持されてきたアメリカの「一つの中国」政策（'One China' policy）が，見直されるのではないかと取り沙汰された[15] トランプ次期大統領は蔡英文総統との電話会談の直後に，フォックス・ニュースのインタビュー[16]に対して，「一つの中国」政策について完全に理解しているが，なぜ拘束されなければならないのかはわからない，と述べた．

2017年2月9日に，トランプは大統領に就任してから初めて，習近平国家主席との電話による米中首脳会談に臨んだ[17] ところが，その席上でトランプ大統領は，習近平国家主席の要請を受ける形で，「一つの中国」政策の尊重（honor our "one China" policy）を表明したのだった[18] トランプ政権下での米中関係は，始まりこそアメリカ次期大統領と台湾総統との電話会談という波乱含みの展開だったものの，政権発足からわずか3週間で，「一つの中国」政策という従来の路線に，とりあえずは回帰した．米中電話首脳会談の直後には，蔡英文総統

と電話会談を再び実施する可能性について，トランプ大統領自身が否定的な態度を示した.[19]

　以上のようなトランプ大統領の目まぐるしく揺れ動く言動だけをみていると，米台電話会談から米中電話首脳会談までの一連の流れも，トランプ大統領の気紛れ，すなわちトランプ大統領が体現する予測不可能性の発露の一例に過ぎなかったようにも思われる.

　なお台湾側の反応としては，トランプ蔡電話会談の翌日に早速，総統府が会談概要について写真を付して公開した.[20]「越洋（太平洋を越えて）」という表現が使われたことからは，電話会談が実現したことへの高揚感が伝わってくる. ただし台湾側からは，中台関係に影響が及ばないようにしようとする配慮もみられた. 電話会談の翌週に蔡英文総統は，全米外交政策委員会（National Committee on American Foreign Policy, NCAFP）のローズマリー・ディカルロ（Rosemary DiCarlo）会長らと会談し，米台関係と中台関係を同等に重視していると述べた. ここでもシンクタンクを通じて，外交的コミュニケーションが図られた.

（2）　トランプ大統領の台湾観

　トランプ大統領は，アメリカ国内での雇用創出を重視していたことから，台湾企業のアメリカでの活動を歓迎していた. 電子機器受託生産大手のフォックスコン（Foxconn）によるアメリカへの投資に関心を抱いていた. 2018年6月には，ウィスコンシン州に建設予定の新工場の起工式に，フォックスコン創業者の郭台銘，ライアン下院議長，スコット・ウォーカー（Scott Kevin Walker）同州知事（共和党）らとともに出席した. なお同州は近年の大統領選挙で，勝敗の行方を左右する接戦州となっている. 2019年5月にはホワイトハウスで，翌年の総統選挙に向けて野党国民党の予備選に参戦を予定していた郭台銘と会談した. ビジネス界出身のトランプ大統領が，大物経営者との個人的関係を重視する傾向は，台湾についても当てはまっている.

　一方で，トランプ政権の内幕を描いたとされる書籍や回顧録によれば，トランプ大統領が台湾そのものには大きな関心を抱いていなかったと思われる場面

が登場する．ボブ・ウッドワード著*Fear: Trump in the White House*（『恐怖の男──トランプ政権の真実』）によれば，2018年1月9日にホワイトハウスで開催された国家安全保障チームとの会議で，「台湾を守ることで我々は何が得られるのか（what do we get from protecting Taiwan?)」と尋ねたという[21]．

大統領補佐官を務めたボルトンの回顧録によれば，トランプ大統領は中国に投資するウォール街の影響を受けて，台湾については特に気難しかった（dyspeptic）という．台湾をアメリカ製の油性ペンであるシャーピー（Sharpie）に，中国を大統領執務机（Resolute desk）に擬える比喩を，好んで用いたという[22]．トランプ大統領としては，台湾と中国の間で，規模や重要性に大きな違いがあると，強調したかったのだろう．

2018年12月には，アルゼンチンの首都ブエノスアイレスで開催されたG20サミットに際して，米中首脳による夕食会が開かれた．短いやりとりではあったが，習近平国家主席が台湾問題について慎重さを求めたのに対して，トランプ大統領は注意すると応じたという．

ところが実際には，トランプ大統領が示したとされる台湾観とは裏腹に，トランプ政権下において台湾に対するコミットメントは，格段の深化を遂げていった．その背景には何があったのか．本書で論じるように，連邦政府に加えて連邦議会，軍，シンクタンク等が役割を果たしつつ，台湾政策の推進力が構造化されていったことがあったといえるだろう．

3　トランプ政権の戦略文書，高官発言からみた台湾

（1）　トランプ政権の戦略文書

① 国防総省版および国務省版インド太平洋報告書（2019年）

トランプ政権期における台湾の位置付けは，国家安全保障戦略よりも下位の文書で，さらに詳しく述べられている．2019年には国務省と国防総省が，インド太平洋戦略に関連する報告書をそれぞれ公表し，台湾についての具体的な記述が登場した．

2019年6月に，国防総省によって「インド太平洋戦略報告書：備え，パート

ナーシップそしてネットワーク化された地域の促進」と題される報告書が公表された[23]. この国防総省版報告書では, 同盟の近代化という項で, 日本, 韓国, オーストラリア, フィリピン, タイとの関係強化が盛り込まれた. これら5か国はいずれも, アメリカにとっての条約上の同盟国であるという共通点があることから, 真っ先に取り上げられているといえよう.

　同盟の近代化に続く項では, 報告書の副題ともなっているパートナーシップについて, 強化が謳われた. 具体的には, シンガポール, 台湾, ニュージーランド, モンゴルとのパートナーシップ強化に言及している. 台湾について考えてみると, 関係が深化しつつあったとはいえ, 正式な国交が存在しないという前提に変化がない中で, 他の国々と並列して取り上げられたことは, 異例だったといえよう. また台湾を「国 (country)」と記述した箇所があった一方で,「一つの中国」政策への言及はなかった. 以上のような表現ぶりからは, 北京への配慮がペンタゴンにおいて後退していることが印象付けられた. なお台湾関係法第4条b項第1号では, アメリカの法律における外国に対する言及や外国に対して用いられる語は, 台湾に対しても適用されるべきだと規定されている.

　2019年11月には, 国務省によって,「自由で開かれたインド太平洋：共通のビジョンの推進」と題された報告書が公表された[24]. この国務省版報告書では, 北京の行動が海峡両岸の現状維持を損なっていると記述され, 台湾海峡の平和と安定が, 台北によってではなく北京によって脅かされているという認識が, 明らかにされた. これはすでに触れたブッシュ・ジュニア政権による2006年版「国家安全保障戦略」とは, 大きく異なる認識といえよう. 蔡英文総統の肝煎りで進められている新南向政策[25]との連携についても言及した. 同政策は, 東南アジア, 南アジア, オーストラリア, ニュージーランド等の国々との関係強化を目指して打ち出された.

　加えてホワイトハウスからは2020年5月に,「中国に対する戦略的アプローチ」と題する文書が公表された[26]. 文書全体としては, 中国に関する全政府的な (whole-of-government) 戦略について述べたものだった. 台湾に関しては, レーガン大統領による6つの保証について,「台湾に供給される武器の質と量は, 中国による脅威によって完全に決定される」との部分を引用した.

② インド太平洋におけるアメリカの戦略的枠組み（2021年1月）

「インド太平洋におけるアメリカの戦略的枠組み」（U.S. Strategic Framework for the Indo-Pacific）[27]が，2021年1月12日に公表された．オブライエン大統領補佐官によれば，戦略的枠組みはトランプ大統領によって2018年2月に承認され，2017年版国家安全保障戦略の実施のため，トランプ政権の中心的な戦略指針（overarching strategic guidance）となっていたという[28]．

本来であれば，2042年12月31日まで公開されるはずのない機密文書だったが，2021年1月5日に機密指定が解除され，公開されるに至った．実際に公開された文書には，いくつかの黒塗りの箇所が未だ存在していた．トランプ政権の最終盤という時期になぜ異例の公開に至ったかについては，インド太平洋地域へのコミットメントの維持を改めて明確にする必要があったからであろうという指摘がある[29]．

台湾については，中国が統一を強要するために，ますます強引な措置をとるだろうという認識を示し，非対称な国防戦略への支援が書き込まれた．台湾関連で最も注目に値するのは，「台湾を含む第一列島線の国々を防衛する」としたことだろう．第一列島線上に存在する日本とフィリピンは，ともにアメリカの同盟国であり，アメリカが日本とフィリピンを防衛することは，それぞれ日米安全保障条約，米比相互防衛条約によって定められた条約上の義務である．

一方で台湾防衛については，あとで詳述するように，長年にわたって戦略的曖昧性が維持されてきているところ，日本そしてフィリピンへの防衛義務と並列するような形で，戦略的枠組みに書き込まれたことは，従来よりも一歩踏み込んだものであったと評価できる．台湾防衛への言及に続いて，第一列島線の外ではすべてのドメインで優位を占めるとしているが，そのあとに続く黒塗りにいったい何が記載されているのかについては，未だ明らかではない．

なお2018年1月に公表された国家防衛戦略の要約版には，台湾についての記述は登場しない．

（2） トランプ政権高官による演説，メッセージ

トランプ政権の高官自身から発せられた言葉によっても，台湾への支持が繰

り返し表明された．2020年夏には複数の閣僚級高官が，中国演説を立て続けに実施した．高官の生の声を手掛かりに，トランプ政権の台湾政策を紐解いていく．

① ペンス副大統領による中国演説

ペンス副大統領は2018年10月に，ワシントンの有力な保守系シンクタンクであるハドソン研究所で，中国を体系的かつ徹底的に批判する演説を行った．[30] その中での「台湾による民主主義の擁護（embrace of democracy）は，すべての中国人によりよい道を示す」という言い回しは，国防総省のインド太平洋戦略報告書に引用され，翌2019年10月のウィルソン・センターでの中国演説でも繰り[31]返された．

台湾での直接投票による総統選挙は，李登輝総統の決断によって，1996年に始まった．国民党と民進党との間での3度の政権交代を経つつ，2024年には8回目の実施を数えるに至り，民主主義は台湾に根付いたといえよう．権威主義体制が強化されている中国大陸との対比に加えて，香港で民主化の芽が完全に摘まれようとしていることもあり，アメリカからみて台湾の民主主義が輝きを増している．ペンス副大統領はウィルソン・センター演説で台湾を「民主主義の灯台（beacon）」と表現したが，アメリカは台湾の民主主義を今後ますますプレイアップしていくだろう．

ハドソン研究所演説でペンス副大統領は，中国共産党がラテンアメリカの3か国に対して台北との断交と北京の承認を迫ったとし，こうした行為が台湾海峡の安定を脅かしているとして非難した．歴代政権の国家安全保障戦略についての検討からみれば，北京の行動こそが台湾海峡の不安定要因となっているという認識が示されたことは，重要だろう．ウィルソン・センター演説では，中国による台湾からの国交国奪取を再び持ち出し，小切手外交（checkbook diplomacy）と批判した．

また，台湾を「中国の省（province of China）」としてウェブサイト上に掲載しなかったことを理由に，北京がデルタ航空に対して公開の謝罪を強要したことについて，ハドソン演説で非難した．

② ポンペオ国務長官，スティルウェル国務次官補，ポッティンジャー大統領次席補佐官

　マイク・ポンペオ（Mike Pompeo）国務長官は，蔡英文の台湾総統選挙における２回目の当選が決まった2020年１月に，台湾における民主主義と台湾海峡の安定を維持している蔡英文総統への賛辞を送った[32]．中国からの容赦のない圧力（unrelenting pressure）に直面しながら，台湾海峡の安定を維持する蔡英文総統の手腕に対して，トランプ政権が信頼を寄せていたことが，この祝賀メッセージからは読み取れる．

　これに加えて，2020年５月に挙行された総統就任式にあたっても，祝意を表するメッセージがポンペオ国務長官から発出され，蔡英文を「台湾総統（Taiwan's President）」と呼称した[33]．メッセージでは，同年３月に成立したばかりのTAIPEI法への言及があり，この法律の制定は，アメリカでの台湾への支持が超党派でかつ全会一致であることを示したとした．このメッセージは，総統就任式において披露された．

　ディビッド・スティルウェル（David R. Stilwell）国務次官補も，総統就任式に対して，ビデオメッセージという形式で祝意を伝達した．この中でスティルウェル次官補は，台湾はアメリカにとって第10位の貿易相手であることに言及し，経済の観点からも，米台関係の重要性を強調した．

ポッティンジャー次席補佐官

　マシュー・ポッティンジャー（Matthew F. Pottinger）大統領次席補佐官（国家安全保障担当）も，総統就任式に祝意を寄せたが，アメリカ政府高官としては異例となる自ら中国語を用いてのビデオメッセージだった[34]．動画の中でポッティンジャー補佐官は，中国の物理学者である方励之に触れた．同氏は，中国の民主化を求めて積極的に発言し，1989年６月４日に発生した天安門事件の直後には，北京の在中国アメリカ大使館に，妻とともに逃げ込んだ．アメリカと中国の関係において，方励之の扱いが長きにわたって大きな争点だったことに鑑みれば，ポッティンジャー補佐官による同氏への言及は，中国に対してきわめて挑発的なメッセージだったとの指摘がある[35]．台湾政府が使用していた武漢肺炎という言葉を，ビデオメッセージの中でポッティンジャー補佐官が用いたこと

も，北京にとっては耳障りだっただろう．

ウォール・ストリート・ジャーナル紙（*The Wall Street Journal*）の記者として，中国での取材経験を持つポッティンジャー補佐官は，この直前にも1919年5月4日に発生した五四運動をテーマにして，中国語でのビデオメッセージを公表していた．ポッティンジャー補佐官により発出された一連のメッセージでは，中華圏の人々への中国語を用いた直接的なアウトリーチが意識されていたといえる[36]．民主主義とすべての中国人の関係を語った，上述のペンス副大統領発言の問題意識とも符合しているといえよう．

なおポッティンジャー補佐官は，アフガニスタン派遣時の知己で，トランプ政権最初の大統領補佐官に就任したマイケル・フリン（Michael Flynn）元陸軍中将に誘われて，トランプチームに合流したという[37]．

③ 閣僚級高官による一連の中国演説（2020年夏）

2020年6月末からわずか1か月ほどの間に，トランプ政権の複数の閣僚級高官が，中国に関して立て続けに演説するという異例の行動をみせて，きわめて厳しい対中姿勢を示し，台湾についても言及した．

オブライエン大統領補佐官，レイ連邦捜査局長官

まずオブライエン大統領補佐官が，「中国共産党のイデオロギーとグローバルな野心」と題して，アリゾナ州フェニックスで演説した[38]．冒頭では，同地での建設が予定されている台湾積体電路製造（TSMC）の新しい工場について触れ，他の49の州知事は少し羨ましがっているとして，雇用やアメリカ経済に対する台湾企業の貢献について言及した．

ワシントンで近年問題となっているシャープパワーによるアメリカ国内への影響工作にも触れた．ハリウッドにおける自己検閲(self-censorship)の例として，『トップガン（*Top Gun*）』の続編である『マーヴェリック（*Maverick*）』の中で，主演のトム・クルーズ（Tom Cruise）が着用するフライトジャケットから，日本と台湾の国旗が除かれたことを挙げた．

国際機関への台湾の参画については，国際民間航空機関（ICAO）のトップに柳芳事務局長が就任（2015年8月）してから，台湾の総会への参加が阻まれてい

るとして非難した．柳は中国民用航空局（Civil Aviation Administration of China, CACC）で勤務していた女性で，中国出身者として初めてICAOトップの座に就いた．国連専門機関であるICAOは，３年ごとに総会を開催している．

　以前の例としては，2013年９月にカナダ・モントリオールで開催された総会に，台湾はオリンピックと同様の中華台北（チャイニーズ・タイペイ）という名義で，ICAO理事会議長ゲストとして参加した．これは台湾が1971年に国連を脱退してから，初めてのことだった．しかし，2016年，2019年，2022年に開催された総会には参加できなかった．

　レイ連邦捜査局（Federal Bureau of Investigation, FBI）長官はハドソン研究所で演説し[39]，アメリカの州知事や上院議員，下院議員がもし台湾への訪問を計画した場合には，訪台を予定する者の地元企業への圧力など，北京が行うであろう妨害工作を具体的にシミュレーションしてみせた．

ポンペオ国務長官

　ポンペオ国務長官は，カリフォルニア州のニクソン大統領図書館において，「共産中国と自由世界の将来」と題して演説した[40]．オブライエン大統領補佐官による例示に触れながら，ウェブサイト上での台湾についての表記に関連して，マリオット，アメリカン航空，デルタ航空，ユナイテッド航空への北京の圧力を批判した．

　中国民用航空局は2018年４月，アメリカを含む外国航空会社36社に対し書簡を送付し，台湾，香港，マカオに関するウェブサイト上での表記を変更するように要求した．これに対してホワイトハウスは，「オーウェル式のたわごと（Orwellian nonsense）」というきわめて強い調子で中国を批判した[41]．これは中国による「一つの中国」原則の国外に対する押し付けといえよう．ちなみに，オーウェルとはイギリスの作家ジョージ・オーウェルのことであり，ディストピア小説『1984年』の中で全体主義が支配する未来世界を描いたことから，「オーウェル式の」という形容詞は「全体主義の」という意味を表す．

　ポンペオ国務長官は他に，東シナ海，南シナ海そして台湾海峡での航行の自由作戦についても言及した．なおバー司法長官によってフォード大統領博物館において実施された中国に関する演説では，台湾への言及はなかった．

4 連邦議会，政党による台湾関与

トランプ政権下での米台関係をめぐっては，アメリカ連邦議会による立法活動が，非常に活発に展開されたことが，特筆に値する．

（1） 連邦議会と台湾政策（決議とコーカス）

すでに検討したように，アメリカ連邦議会は，外交政策に対して大きな影響力を有している．台湾問題においても，議会の動向が影響を与えることがある．

1994年11月に実施された中間選挙で共和党は，上下両院で多数党の座を奪還した．特に下院共和党は，のちに下院議長に就任するニュート・ギングリッチ（Newt Gingrich）の指導下で，保守色の濃い「アメリカとの契約（Contract with America）」を掲げて選挙戦を戦い，実に40年ぶりに多数を占め，クリントン民主党政権との対立が鮮明となっていた．

そうした中でクリントン政権は，李登輝総統による母校コーネル大学への私的な訪問計画について当初認めようとはせず，1995年2月にはクリストファー国務長官が，訪米を認めることはないと議会で言い切った[42]．だが，1995年5月には，訪米を歓迎するように大統領に求める決議[43]が，下院では全会一致で，上院では97対1で可決され，超党派による訪米支持が示された．決議を通じた議会からの圧力もあり，クリントン政権は訪米容認に至った．一方で北京は反発を強め，台湾海峡の緊張は増していった．

1996年3月には「台湾防衛決議[44]」が，下院では369対14で，上院では全会一致で可決された．この決議は，クリストファー・コックス（Christopher Cox）下院議員（カリフォルニア州選出）によって提出されたことから，コックス決議ともいわれる．対中政策について，コックス議員のクリントン政権に対する不信感は大きかった．コックス議員は，レーガン主義者であるだけでなく，国内政策と外交政策の双方に通じた共和党きっての政策通であり，さまざまな政策提案を行うことで，クリントン政権を追い詰めていった．台湾防衛決議の影響は大きく，クリントン政権は空母2隻を派遣するに至った[45]．

なお，コックス議員を助けたのが，コックス議員率いる下院共和党政策委員会（House Republican Policy Committee）で事務局次長と外交防衛政策担当上級分析官を務めたマーク・P.ラゴン（Mark P. Lagon）だった[46]．

トランプ政権期にも議会は，重要な節目において決議を採択することによって，台湾を重視するという意思を明らかにした．台湾関係法の制定から40周年（2019年4月）というタイミングを捉えて，台湾へのアメリカのコミットメントと台湾関係法の履行を再確認する決議が，上院[47]と下院[48]でそれぞれ，全会一致で採択された．

本項で検討したように，法律とは異なり法的拘束力を有していない決議も，議会の政治的意思を明らかにし，時には政権を動かす力を有しているといえよう．

連邦議会では，台湾との関係を推進するための団体も設立され，親台派議員の拠り所となっている．2002年4月には下院において，議員団体（Congressional Member Organizations, CMOs）である下院台湾コーカス（Congressional Taiwan Caucus, 中国語で国会台湾連線）が設立されている．一方で上院では，2003年9月に，上院台湾コーカス（Senate Taiwan Caucus, 中国語で参議院台湾連線）が設立され，ジェームズ・インホフ（James Inhofe）上院議員（共和党，オクラホマ州選出）とロバート・メネンデス（Robert Menendez）上院議員（民主党，ニュージャージー州選出）が共同議長を務めている．コーカスとは，関心を共有する議員で構成され，日本の議員連盟に近い[49]．

（2）　トランプ政権期の台湾関連立法

トランプ政権期には，台湾支援のための法律が次々と成立した．立法過程では，親台派議員が推進役となることもあった．

① 台湾旅行法（2018年3月）

2018年3月16日には，台湾旅行法（Taiwan Travel Act, TTA）[50]が，トランプ大統領の署名によって成立した．全3条からなるこの法律は，スティーブ・シャボット下院議員（Steve Chabot）（共和党，オハイオ州選出），マルコ・ルビオ（Marco

Rubio）上院議員（共和党，フロリダ州選出）らによって，第115議会第1会期に提出された．2018年1月に下院を発声投票（voice vote）によって通過し，同年2月には上院を全会一致で通過した．なおシャボット議員は，既述の下院台湾コーカスの共同議長を務めており，親台派として知られている．

　台湾旅行法は第3条において，アメリカと台湾のすべてのレベルの当局者の訪問をアメリカ政府は奨励すべきだというのが，連邦議会の意思だとしている．アメリカ政府の当局者には，閣僚レベルの国家安全保障担当者（Cabinet-level national security officials），将官（general officers），他の行政府の職員も含まれるべきとされた．

　台湾側のアメリカ国内における活動についても，規定が設けられた．台湾高官については，尊厳への尊重が払われつつ，アメリカに入国することを許可するとした．事実上の在外公館の役割を果たしている台北経済文化代表処（Taipei Economic and Cultural Representative Office, TECRO）については，アメリカ国内での活動を奨励するとした．また，第2条第5項で台湾を「国（country）」と表現したことは，中国にとっては刺激的であっただろう．

　なお，台湾旅行法の条文では，奨励する（encourage）や許容する（allow）という単語が用いられており，議会が大統領に対して新たに権限を付与したり，あるいは新たに義務を課したりする内容とはなっていない．しかしながら，台湾との関係を進めるべきだという議会の意思が全会一致で示された意味は，決して小さくなかったといえよう．

　議会からの声に応えるかのように，成立の翌週（2018年3月）には早速，国務省東アジア・太平洋局のアレックス・ウォン（Alex Wong）次官補代理が，台湾を訪問した．ウォン次官補代理は，在台湾米国商工会議所（American Chamber of Commerce in Taiwan, AmCham Taiwan）主催のイベント「謝年飯」で講演するなど，それまでの例とは異なって，公開の場にも姿をみせた．同席した蔡英文総統と握手を交わしたウォン次官補代理は，台湾が新南向政策（New Southbound Policy）を通じてインド太平洋地域の国々と関係を強化しようとする努力を歓迎すると述べ，蔡英文政権の看板政策を評価する姿勢を示した[51]．なおウォン（中国名：黄之瀚）の両親は香港系で，妻は台湾人である．

続けざまに，イアン・ステフ（Ian Steff）商務次官補代理も台湾を訪問し，台湾積体電路製造（Taiwan Semiconductor Manufacturing Company, TSMC）の張忠謀（Morris Chang, モリス・チャン）董事長と会談した（2018年3月）．加えて後述するように，連邦議会からは2月にインホフ上院議員らが，3月にロイス下院議員が訪台した．

　なおこの法律の成立に際しては，台湾人公共事務会（Formosan Association for Public Affairs, FAPA）の働き掛けがあったことが知られている[52]．同会は，1982年に陳唐山らによって設立され，反国民党，台湾独立，穏健な中道左派という政治傾向を有し，90年代には民主化が進展する中で台湾の安全保障についてロビー活動を行った[53]．

② アジア再保証推進法（ARIA）（2018年12月）

　2018年12月31日には，トランプ大統領の署名によって，アジア再保証推進法（Asia Reassurance Initiative Act, ARIA）[54]が成立した．この法律は，コリー・ガードナー（Cory Gardner）上院議員（共和党，コロラド州選出）らによって提出され，2018年12月に下院を発声投票で，上院を全会一致で通過した．インド太平洋が強く打ち出されたのがこの法律の特徴で，同地域へのアメリカのコミットメントを強化するための諸政策に加えて，2019会計年度から2023会計年度までの5年間にわたって，毎年15億ドルの歳出権限を国務省やアメリカ国際開発庁（US Agency for International Development, USAID）に付与するという予算的な裏付けも盛り込まれている（第201条b項）．アメリカ，オーストラリア，インド，日本というクアッド4か国による安全保障対話の重要性も盛り込まれた（第207条）．

　台湾については，台湾へのコミットメント（Commitment to Taiwan）と題する第209条が設けられた．同条には，非対称能力（asymmetric capabilities）開発への支援を含む台湾への定期的な武器売却が書き込まれた．加えて，先に成立した台湾旅行法にしたがって，アメリカ高官の台湾への訪問を大統領が奨励すべきとする規定が盛り込まれた．とりわけ，あとで詳述するレーガン大統領による6つの保証が，法律の条文において明示的に確認されたことは，注目に値するだろう．

中国に対して厳しい内容を盛り込んだこの法律が，アメリカと中華人民共和国の国交正常化（1979年1月1日）から40周年の前日というタイミングをわざわざ選んで署名されたことは，その後の米中関係の展開を，まるで暗示しているかのようだった．周年という節目を重視する北京にとっては，メッセージ性のある署名であったと考えられる．

中国側でも，トランプ大統領によるアジア再保証推進法への署名の2日後（2019年1月2日）に，動きがあった．習近平国家主席が「台湾同胞に告げる書[55)]」の発表から40周年にあたって，北京の人民大会堂において演説を実施したのである[56)]．演説の中で習近平国家主席は，「武力の使用の放棄を約束しない（不承諾放棄使用武力）」と述べて，武力による中台統一の可能性に，意図的に言及してみせた．一方で，これより10年前の2008年12月に，「台湾同胞に告げる書」30周年にあたって演説した胡錦濤国家主席は，台湾問題に対する武力統一という解決方法には触れていなかった[57)]．

習近平国家主席による台湾に対する高圧的な発言は，アジア再保証推進法を成立させたばかりのアメリカを刺激したばかりでなく，台湾の世論をも硬化させた．習近平演説から約1か月前の統一地方選挙（2018年11月）において，蔡英文総統の与党である民主進歩党は敗北を喫していたが，こうした蔡英文政権の求心力低下も，習近平国家主席による強硬な発言を導いた要因の1つだったと考えられる．だが，アメリカや台湾世論を刺激した習近平国家主席の発言は，翌2020年1月の台湾総統選挙に向けて，潮目が変わる大きなきっかけとなった．

③ TAIPEI法（2020年3月）

台湾同盟国際保護強化イニシアティブ法（Taiwan Allies International Protection and Enhancement Initiative Act，通称TAIPEI法[58)]）が，2020年3月26日に，トランプ大統領の署名によって成立した．この法律は，ガードナー上院議員らによって提出され，上下両院ともに全会一致で通過した．アメリカ，オーストラリア，インド，日本を特出しして，それぞれの国と台湾との独自の（unique）関係の重要性を強調した（第2条a項第7号）．さらに踏み込んで，第5条a項では，台湾との関係を明らかに強化した国々に対しては，経済，安全保障，外交上の関

与について，拡大を考慮する（同条同項第2号）とする一方で，台湾の安全保障や繁栄を害する措置を講じる国々に対しては，経済，安全保障，外交上の関与について，変更を考慮する（同条同項第3号）とした．台湾と第三国との関係構築を妨害するため，中国による圧力が強まる中で，同法はアメとムチを使い分ける姿勢を鮮明にした．

COVID-19によって惹き起こされたパンデミックという未曾有の危機においては，国際社会の一致した対応を求める声が高まっていた．それにもかかわらず，コロナへの対応で目覚ましい成果を上げた台湾が，北京の圧力によって，世界保健機関（World Health Organization, WHO）から排除されていることに批判が集まった．そうした中で，第4条では，国際機関への台湾の参画に対する支援が盛り込まれた．台湾が広範には国家承認されていないという現状に鑑みて，国家性（statehood）を要件としておらず，かつアメリカが参加国である国際機関について，台湾の参画を唱道すべきであると規定された．加えて，他の適切な国際機関において，台湾のオブザーバーとしての地位が保証されるように，唱道すべきであるとした．これには，世界保健機関の最高意思決定機関であり，事業計画の決定，予算の決定，執行理事国の選出，事務局長の任命等を行う世界保健総会（World Health Assembly, WHA）も含まれていると考えられるが，あとで取り上げる台湾保証法とは異なって，世界保健総会を含めて，具体的な機関名は書き込まれていない．

なお台湾関係法第4条では，同法が国際機関から台湾を排除あるいは放逐（exclusion or expulsion）する根拠となってはならないとの規定が設けられている．

TAIPEI法の成立のタイミングについても，意義が認められるだろう．2020年1月の蔡英文総統の再選を踏まえつつ，2020年5月の蔡英文政権第2期のスタートを控えた時期であり，連邦議会からも，蔡英文総統再選への超党派の支持が事実上示される格好となった．

④ 台湾保証法（2020年12月）

台湾保証法（Taiwan Assurance Act）は，2021年包括歳出法（Consolidated Appropriations Act, 2021）[59]の一部として，2020年12月27日に，トランプ大統領の

署名によって成立した．第313条第1項では，「台湾はアメリカの自由で開かれたインド太平洋戦略のきわめて重要な一部だ」として，インド太平洋戦略における台湾の位置付けについて，明確に規定した．さらに同条では，台湾への定期的な武器売却が，実施されるべきだとした．また同条には，台湾の国防に関連して，後述する非対称能力や国防費増額についても書き込まれた．

　国際機関への台湾の参画の唱道については，第314条で，国際連合や世界保健総会に加えて，国際民間航空機関（International Civil Aviation Organization, ICAO），国際刑事警察機構（International Criminal Police Organization, ICPO），食糧農業機関（Food and Agriculture Organization, FAO），国際連合教育科学文化機関（United Nations, Educational, Scientific and Cultural Organization, UNESCO）という国際機関の名称が挙げられた．TAIPEI法と比較すると，より具体的な書きぶりが際立つ形となった．なお，2013年7月には，台湾による国際民間航空機関オブザーバー参加への戦略立案を，国務長官に対して命じる法律が，上下両院ともに全会一致で可決され，成立している[60]．

（3）　連邦議会議員による訪台

　連邦議会議員による台湾への訪問も，相次いで実施された．連邦政府高官による台湾への訪問に一定のハードルが存在している中で，議員の訪台は連邦議会による台湾への関与の大きな柱となっているといえよう．

① 2016年

2016年5月に実施された蔡英文総統の就任式（第1期）には，マット・サルモン（Matt Salmon）下院議員（共和党, アリゾナ州選出），エディー・ジョンソン（Eddie Bernice Johnson）下院議員（民主党, テキサス州選出）が出席し，蔡英文総統と会談した．サルモンは, 下院議員退任後の2017年8月に，ステファン・ヤング（Stephen Young）元アメリカ在台協会台北事務所所長とともに再び訪台し，蔡英文総統と会談した．ジョンソン下院議員は，2018年8月，2019年4月，2022年10月にも訪台して蔡英文総統と会談したのに加えて，蔡英文総統によるヒューストンでの2度のトランジットに際しては, 選挙区はダラスであるものの, トランジッ

ト先に駆け付けて面会した.

2016年6月には,ロイス下院議員が訪台して,蔡英文総統と会談した. 2017年9月に再び訪台し,最高位である特種大綬景星勲章を蔡英文総統から授与された. マリー夫人,テッド・ヨーホー（Ted Yoho）下院議員（共和党，フロリダ州選出）,ジェニファー・ゴンザレス・コロン（Jenniffer González-Colón）プエルトリコ駐在代表（Resident Commissioner of Puerto Rico）らが同行した. ロイス下院議員は,2018年3月の台湾旅行法成立直後というタイミングで再び訪台し,蔡英文総統と会談した. いずれの台湾訪問も,ロイス議員が下院外交委員長に在任中のことであった.

2016年6月には,共和党所属の上院議員7名が台湾を訪問した. ジョン・マケイン（John McCain）上院議員（アリゾナ州選出）,ジョン・バラッソ（John Barrasso）上院議員（ペンシルベニア州選出）,ガードナー上院議員,リンゼイ・グラム（Lindsey Graham）上院議員（サウスカロライナ州選出）,コットン上院議員,ジョニー・アーンスト（Joni Ernst）上院議員（アイオワ州）,ダン・サリバン（Dan Sullivan）上院議員（アラスカ州）は,蔡英文総統と会談した. ガードナー上院議員はその後も,2017年5月,2018年5月,2019年6月と4年連続で訪台し,蔡英文総統と会談した.

② 2017年

2017年8月には,軍事委員会即応小委員会委員長を務めるロブ・ウィットマン（Rob Wittman）下院議員（共和党，バージニア州選出）とマドリーン・ボルダロ（Madeline Z. Bordallo）下院代議員（民主党，グアム準州選出）が訪台し,蔡英文総統と会談した. 2017年9月には,スティーブ・デインズ（Steve Daines）上院議員（共和党，モンタナ州選出）が,台湾を訪問して蔡英文総統と会談した.

③ 2018年

台湾旅行法が上院外交委員会で可決された直後の2018年2月には,共和党の上院議員4名,下院議員1名が訪台した. すでに述べた上院台湾コーカスの共同議長であるインホフ上院議員を始め,マイク・ラウンズ（Mike Rounds）上院

議員（共和党，サウスダコタ州選出），アーンスト上院議員，サリバン上院議員，トレント・ケリー（Trent Kelly）下院議員（ミシシッピ州選出）が，蔡英文総統と会談した.

同年6月には，デビッド・パーデュー（David Perdue）上院議員（共和党，ジョージア州）が訪台し，蔡英文総統と会談した. パーデュー上院議員はこの直前に日本を訪問し，河野太郎外務大臣による昼食会に出席した.

④ 2019年

2019年4月には，既述のエディー・ジョンソン下院議員とともに，ハンク・ジョンソン（Hank Johnson）下院議員（民主党，ジョージア州選出），元空軍准将（Brigadier General）のドン・ベーコン（Don Bacon）下院議員（共和党，ネブラスカ州選出），サルード・カルバハル（Salud Carbajal）下院議員（民主党，カリフォルニア州選出）が訪台した. 蔡英文総統は，ベーコン，カルバハル両議員の初訪台を歓迎した. 米台科学技術協力の一里塚として，気象衛星「フォルモサット（Formosat）7号」について触れた. またすでに触れた，台湾関係法制定40周年に際しての決議に対して謝意を表した.

同年4月には，クリス・クーンズ（Chris Coons）上院議員（民主党，デラウェア州選出），マギー・ハッサン（Maggie Hassan）上院議員（民主党，ニューハンプシャー州選出）も台湾を訪問して，蔡英文総統と会談した. 蔡英文総統は，両議員による初めての台湾訪問を歓迎した. クーンズ議員は，上院議員時代のバイデンと同じデラウェア州の選出で，盟友として知られる存在だ. 両議員は台湾に先立って日本を訪問し，河野太郎外務大臣による昼食会に出席した.

さらに10月には，ショーン・マロニー（Sean Patrick Maloney）下院議員（民主党，ニューヨーク州選出）が訪台し，蔡英文総統と会談した. 同月には，クルーズ上院議員が訪台して蔡英文総統と会談した. 連邦上院議員が国慶節（中華民国の建国記念日）に出席するのは，35年ぶりのことだった. 翌11月には，ビル・フローレス（Bill Flores）下院議員（テキサス州選出），ガイ・レッシェンサラー（Guy Reschenthaler）下院議員（ペンシルベニア州選出）という2名の共和党下院議員が，訪台して蔡英文総統と会談した.

前議員も台湾を訪問している．2019年4月には，ポール・ライアン（Paul Ryan）前下院議長（共和党，ウィスコンシン州選出）が，台湾関係法の成立から40周年にあわせて台北を訪問し，蔡英文総統と会談した．

⑤ 上院議員による訪台への分析

ここでは既述したように，外交に対して特に大きな権限を有している上院に限定して分析してみたい．蔡英文総統が就任（2016年5月）してから，トランプ大統領が退任（2021年1月）するまでの間で，民主党から台湾を訪問したのは，2019年4月のクーンズ上院議員，ハッサン上院議員のみであった．これに対して共和党からは，2016年6月にはマケイン議員を中心とする7名，2018年2月にはインホフ議員ら4名（プラス下院議員1名）という比較的大規模な上院議員による訪問団が，台湾を訪れている．加えて，4回（ガードナー上院議員），2回（アーンスト上院議員，サリバン上院議員）と，同期間に複数回にわたって台湾を訪問している議員も，複数人確認することができる．また，単独で訪台している議員も，複数人存在している．

以上から，上院議員による台湾への訪問という点では，民主党よりも共和党の方が，頻繁に実施していると少なくとも当該期間においては判断できるだろう．

（4） 米中経済安全保障再検討委員会（USCC）

米中経済安全保障再検討委員会（United States-China Economic and Security Review Commission, USCC）からも，訪問団が台湾に派遣された．なお同委員会は，2001会計年度国防授権法によって2000年10月に設立され，米中経済貿易関係の国家安全保障への含意について調査するのが設置目的である．中国の世界貿易機関（World Trade Organization, WTO）への加盟を見据えて，中国情勢について引き続きウォッチするために設置されたといえよう．

近年では対中強硬派の牙城として，台湾問題を含む米中関係の対立点について，中国に対して厳しい声が上がる場となっている．なおほかに，中国の人権問題をウォッチするために設置されたのが，中国問題に関する連邦議会・行政

府委員会（Congressional-Executive Commission on China, CECC）だった[61]．

　2016年6月に派遣された訪問団には，デニス・シェイ（Dennis Shea）委員長，キャロライン・バーソロミュー（Carolyn Bartholomew）副委員長に加えて，トランプ当選後には国防長官としての起用検討も伝えられることになった[62]ジム・タレント（James M. Talent）元上院議員（共和党，ミズーリ州選出）が参加していた．

　USCC委員にも党派性があり，シェイは上院共和党のトップであるミッチ・マコネル（Mitch McConnel）上院議員（ケンタッキー州選出）によって指名され，トランプ政権下では通商代表部次席代表（Deputy United States Trade Representative）に転じた．バーソロミューは民主党のペローシ下院議員に，首席補佐官として仕えていた．バーソロミューは，2017年5月，2018年5月にも他の委員とともに台湾を再訪して，蔡英文総統と会談した．なお中国はバーソロミューに対して，2021年7月に反外国制裁法に基づいて制裁を発動した．2017年5月のUSCC訪台団に加わったラリー・ウォーツェル（Larry Wortzel）委員は，中国駐在の陸軍武官を2度にわたって務め，ヘリテージ財団にも在籍経験がある中国軍事の専門家である．

（5）　政党関係者による訪台

　政党関係者も台湾を訪問している．共和党全国委員会（Republican National Committee, RNC）のトミー・ヒックス（Tommy Hicks）共同委員長は，2019年4月に台湾を訪問し，蔡英文と会談している．蔡英文総統は，2016年7月に開催された共和党全国大会において，台湾関係法及び6つの保証への言及を含む政策綱領が採択されたことについて，謝意を表した．アメリカの政党における全国委員会は，大統領選挙における候補者を指名する全国大会を開催する．だがその権限は弱いと考えられている[63]．日本の政党執行部とは異なる存在だ．ただしヒックス共同委員長は，トランプ大統領の長男であるドナルド・トランプ・ジュニア（Donald Trump Jr）の20年来の狩猟仲間であり，2016年の選挙キャンペーンに資金提供し，トランプ政権内での中国に関する議論にも与っていたという[64]．

　台湾側は以前から共和党全国委員長への接近を図っていた．2011年1月には，

後述するワシントンのツインオークスにおいて，ラインス・プリーバス（Reince Priebus）の委員長就任を祝う夕食会が開催されている[65]．なお同氏はのちに，トランプ政権で最初の大統領首席補佐官に起用されている．

　共和党系の国際共和研究所（International Republican Institute, IRI）からは2019年10月に，ダニエル・トワイニング（Daniel Twining）所長[66]が訪台して蔡英文総統と会談した．なお2019年12月には国際共和研究所が，2020年8月にはトワイニング所長が，それぞれ香港問題に関連して，中国による制裁の対象となっている．後述するように，民主党系の全米民主研究所（NDI）と台湾側との接触もみられる．

5　要 人 往 来

（1）　アメリカ側の要人による台湾への訪問

　アメリカの台湾政策において要人往来は，以下でみるように重要なツールとなっている．こうした問題意識を背景に制定されたのが，台湾旅行法だった．大統領訪台には大きなハードルがある中で，トランプ政権下でも実施された閣僚訪台から，検討を進めていく．

① アメリカによる閣僚の台湾への派遣

アメリカ歴代政権下での閣僚訪台

　アメリカと台湾の断交後において，アメリカの閣僚による台湾への訪問は，通算では7度実施されている[67]．アメリカと台湾が国交を断絶してから初めて訪台したアメリカの閣僚は，ブッシュ・シニア政権のカーラ・ヒルズ（Carla Anderson Hills）通商代表だった．1992年12月に，ヒルズ通商代表の台湾への派遣が可能となった背景には，ブッシュ・シニア政権が退陣を間近に控えて，レイム・ダック化していたこともあるだろう[68]．ヒルズはのちに，台湾側は閣僚訪台を大いに喜び，台湾市場の開放につながったと述べている[69]．アメリカの政策推進において，閣僚訪台が重要なツールとなっていることが確認できよう．

　その後の歴代政権は順に，クリントン政権がフェデリコ・ペーニャ（Federico

Peña) 運輸長官を1994年12月に，フィリップ・ラダー（Philip Lader）中小企業庁長官を1996年12月に，ビル・リチャードソン（Bill Richardson）エネルギー長官を1998年11月に，ロドニー・スレーター（Rodney E. Slater）運輸長官を2000年6月に，オバマ政権がジーナ・マッカーシー（Gina McCarthy）環境保護庁（Environmental Protection Agency, EPA）長官を2014年4月に，それぞれ台湾に派遣している．この他に閣僚級とはみなされていないが，2011年12月には，ラジブ・シャー（Rajiv J. Shah）国際開発庁長官が訪台している．

一方でブッシュ・ジュニア政権は，閣僚訪台を実施しなかった．またオバマ政権下では，日系人のエリック・シンセキ（Eric Shinseki）退役軍人長官（元陸軍大将）の台湾への訪問が取り沙汰されたことがあったが，実現には至らなかった．

なお，アメリカと台湾の国交断絶以前では，1960年6月にアイゼンハワー大統領が台湾を訪問し，蔣介石総統と会談している．これが現職アメリカ大統領による唯一の台湾訪問の例である．

トランプ政権下での閣僚訪台

2018年3月には，閣僚級高官による台湾訪問にも言及した台湾旅行法が成立した．連邦議会からは，立法以外の形でも，閣僚の台湾への派遣を求める声が上がった．2019年3月には，ルビオ上院議員（共和党），メネンデス上院議員（民主党）ら共和民主両党の16名の上院議員が，台湾関係法制定40周年を記念する式典に出席させるため，閣僚級高官を台湾に派遣するように求める書簡を，トランプ大統領に対して発した[70]が，実現には至らなかった．

2020年8月には，アレックス・エイザー（Alex Azar）保健福祉長官が派遣され，蔡英文総統との会談が実施された．エイザー保健福祉長官は，7月30日に逝去した李登輝元総統の遺体が安置されている台北賓館を訪れて弔問し[71]，台湾における民主主義の発展への李登輝元総統の貢献を讃えた．また台湾によるコロナ対応が注目を集める中で，保健福祉長官のカウンターパートにあたる陳時中衛生福利部部長とも会談して，医療衛生分野における米台協力強化についての覚書（MOU）を締結し，台湾大学では講演を実施した．

アメリカ在台協会のプレスリリース[72]などでは，エイザー保健福祉長官による

訪台が，アメリカと台湾の断交後において最高ランクのアメリカ政府高官による台湾訪問だと表現された．確かに保健福祉長官は，米台断交後に台湾を訪問したそれまでの最高ランクの閣僚である運輸長官よりも，大統領継承順位で比較すれば，上位に位置付けることができる．ただし保健福祉長官（12位）と運輸長官（14位）との差は，2段階に過ぎない．[73]したがって，トランプ政権下で初めての閣僚による台湾訪問，そしてアメリカとしても約6年ぶりの閣僚訪台であったという点が強調されるべきだろう．

　一方でエイザー訪台には，過去の閣僚訪台との連続性もみられた．いずれの閣僚を訪台させるかにあたって，前例と同じく，外交国防分野は選ばれなかった．トランプ政権下で後退したとはいえ，北京への一定の配慮が顔をみせる結果となった．

② 閣僚以外のアメリカ要人による訪台（トランプ政権期）

クラック国務次官

　エイザー保健福祉長官による台湾への訪問から立て続けに，キース・クラック（Keith Krach）国務次官が2020年9月に台北を訪れて，李登輝元総統の告別式に参列した．告別式は真理大学大礼拝堂（新北市）で執り行われ，蔡英文総統に加え，日本側からは森喜朗元総理，泉裕泰日本台湾交流協会台北事務所代表らが参列し，安倍晋三前総理やチベット仏教最高指導者であるダライ・ラマからメッセージが寄せられた．

　クラック国務次官の訪台には，民主主義等を担当するロバート・デストロ（Robert Destro）国務次官補，ステフ商務次官補代理に加えて，親台派のシンクタンクであるプロジェクト2049研究所（Project 2049 Institute）を率いるランドール・シュライバー（Randall Schriver）前国防次官補（インド太平洋安全保障問題担当）も同行した．

　アメリカと台湾の断交後に訪台した国務省幹部としては，クラック国務次官は最高ランクとなり，トランプ政権による台湾重視のシグナルとなった．

貿易

　加えて，クラック次官の国務省における担当分野が，経済成長，エネルギー，

環境であったことも注目される．トランプ政権下でアメリカと台湾の関係が深化したにもかかわらず，貿易分野に関しての具体的な進展は，それまでほとんどみられなかった．

だが，貿易関係進展のうえでアメリカ側が障害とみていたアメリカ産牛豚肉の輸入について，クラック国務次官訪台の直前に進展がみられた．世論や野党国民党の反対が根強い問題であるにもかかわらず，2020年8月に蔡英文総統が総統府で自ら会見し，飼料添加物ラクトパミンの含有量が一定基準以下のアメリカ産豚肉と生後30か月以上のアメリカ産牛肉の輸入を，2021年1月から解禁すると発表したのだ．アメリカ側で上がっていた米台FTA（自由貿易協定）を求める声に[74]，蔡英文政権が呼応する形となった．

半導体

蔡英文総統により総統官邸で開催されたクラック国務次官を歓迎する夕食会には，台湾積体電路製造（TSMC）の創業者である張忠謀（モリス・チャン）も同席した．既述のように2018年3月には，ステフ商務次官補代理が訪台して張忠謀と面会していた．張忠謀は，アジア太平洋経済協力（Asia Pacific Economic Cooperation, APEC）首脳会議に，特使として毎年派遣されるなど，蔡英文総統とは近い関係にあった．なお台湾はアジア太平洋経済協力に，チャイニーズ・タイペイという名称で，1991年から参加している．

ファウンドリー（半導体受託生産）世界最大手であり，120億ドルを投じアリゾナ州フェニックスでの工場建設を決めていた同社の創業者に，アメリカ政府高官が会った背景には，米中対立において半導体が焦点の1つとなっていたことがあっただろう[75]．

台湾積体電路製造（TSMC）はアメリカとの連携を深める一方で，南京工場では2018年から量産体制を構築しており[76]，技術覇権を巡る米中対立が深まる中で同社の動向が重要なファクターとなっている．台湾がサプライチェーンのチョークポイントだという見方が広がり，経済安全保障の観点からもその戦略的重要性が増すという構図となっている．

取り沙汰された閣僚訪台

2020年大統領選挙のあとにも，アンドリュー・ウィーラー（Andrew R.

Wheeler）環境保護庁長官の台湾訪問が，2020年12月という具体的な日程を伴いながら，取り沙汰された[77]ものの，実現には至らなかった．バイデン新大統領の就任が間近に迫った2021年1月には，ケリー・クラフト（Kelly Craft）国連大使の台湾訪問が公表され，外交部外交・国際事務学院（Institute of Diplomacy and International Affairs）[78]での講演も予定されていた．しかし，国務省が政権移行作業を重視し，すべての外遊を中止したことから，直前になって取り止めとなり，代わって蔡英文総統とのオンライン会談が実施された[79]．閣僚による海外訪問には巨額の公金が投入されることとなるが，政権移行期というタイミングにおいて果たして適切なのかという批判も，考慮に入れての判断だっただろう．

　加えてレイ連邦捜査局長官が，中国演説の中で言及していた北京による妨害工作についても，影響を与えた可能性は排除できない．いずれにしても，トランプ政権はその最終盤まで，アメリカ政府高官による台湾訪問を模索し続けたといえよう．

　なおクラフト国連大使は，さまざまな形で親台湾のメッセージを発した．2020年9月には後述するように，台湾の事実上のニューヨーク総領事と会食した．台湾を象徴するという台湾黒熊（台湾固有種のツキノワグマ）のぬいぐるみと撮った写真を，クラフト大使がTwitter（現X）に投稿したことについて，蔡英文総統はオンライン会談で，台湾の人々の心を鷲掴みにしたと称賛した．クラフト大使はぬいぐるみを国連にもち込み，台湾の国営通信社である中央通訊社によって好意的に報じられた[80]．同氏は退任後も，台湾外交部と遠景基金会が共催し蔡英文総統がメッセージを寄せたケタガラン・フォーラム（Ketagalan Forum）（2021年8月）に招待されて，オンラインで基調講演するなど，台湾側から引き続き重視されている．

ブラウンバック大使，元副大統領

　2019年3月に，サム・ブラウンバック（Sam Brownback）大使が台北を訪問し，インド太平洋地域における信教の自由に関する会合に出席した．ブラウンバックが国務省において務めた国際的信教の自由担当特任大使（Ambassador-at-Large for International Religious Freedom）という職は，1998年成立の国際的信教の自由法（International Religious Freedom Act）[81]第101条によって設置された．

ブラウンバック大使は，自らが所掌する信教の自由の促進を図る会合に，蔡英文総統とともに出席し，ウイグル問題で中国を批判した．ウイグル，信教の自由そして台湾という北京からみれば敏感な問題を同時にテーブルに載せたところに，米中関係におけるイシューを相互にリンクさせることで，中国への牽制に厚みを持たせようというトランプ政権の意図が感じられる．ブラウンバック大使は下院議員，上院議員，カンザス州知事を歴任した経験豊富な共和党の政治家であり，綿密に計算された上での訪台だったと考えられる．ブラウンバック大使は北朝鮮の人権問題等にも関わってきたが，1850年代にエバンジェリカル（福音伝道派）の先駆者たちがアメリカの奴隷解放のために活動したのと同じ流れのなかで，自らの活動を捉えているという[82]．

なお北京は2020年7月に，ブラウンバック大使に加えて，ルビオ上院議員，クルーズ上院議員，クリス・スミス（Chris Smith）下院議員（ニュージャージー州選出），CECCに対して，ウイグル問題を理由として制裁を発動している．ちなみに，ルビオ，クルーズ，スミスの3議員は，いずれも共和党所属である．

共和党の元副大統領も複数名が訪台している．大統領選挙直前の2016年10月には，ダン・クウェイル（Dan Quayle）元副大統領が訪台し，蔡英文総統と会談した．ジェームズ・ミラー（James N. Miller）元国防次官（政策担当），シュライバーらが同行した．トランプ政権発足後の2017年8月には，チェイニー元副大統領が台湾を訪問した．会談した蔡英文総統は，チェイニーが下院議員在職中に台湾関係法の成立を支持したことに，謝意を表した．

（2） 台湾側の要人による訪米

李登輝以降の歴代総統によるアメリカ入境を踏まえた上で，蔡英文総統によるアメリカでのトランジットを中心に，検討を進めていく．加えて，次期副総統等，他の台湾要人による訪米についても分析する．

① 歴代の台湾総統による訪米，トランジット
李登輝
アメリカと台湾が国交を断絶してからは，台湾総統がアメリカを正式に訪問

する道は，閉ざされたままとなっている．そうした中で，李登輝総統が，1995年6月に非公式ながらもアメリカのみを目的地として訪米した例は，特筆に値するだろう．かつて博士号（農業経済学）を取得した母校のコーネル大学（ニューヨーク州イサカ）を訪問した．

　前年の1994年5月に李登輝総統は，ネルソン・マンデラ南アフリカ大統領の就任式に出席する途上，ホノルルでトランジットを実施したが，国務省は北京への配慮から，ホノルルでの宿泊を許可しなかった．そのうえターミナルでの受け入れ態勢も貧弱だと知った李登輝総統は，アメリカ側への抗議の意味を込めて，飛行機の外に出なかった[83]．こうした前例と比較すると，1995年の訪問は，形式や待遇が大きく異なり，違った展開を辿ることとなった．

　李登輝総統によるアメリカ訪問を支持する決議が，30の州議会で通過した．既述のように，1995年5月には，同様の決議が連邦議会で可決された．台湾側はロビー活動を連邦議会と州議会に集中させていた[84]．クリントン大統領は，李登輝訪米を認めたが，この訪問に対して北京は強く反発し，第三次台湾海峡危機へと発展していった．

　以上のような経緯もあり，これ以降のアメリカは，台湾総統によるバイラテラル訪問（bilateral visit），すなわちアメリカのみを目的地とする訪問については，慎重な姿勢を崩しておらず，受け入れていない．

　一方で，台湾と正式な国交を有する，すなわち台湾を国家として承認している国々が，ラテンアメリカや大洋州地域に集中して所在していることから，これらの国々への訪問の往路あるいは復路に，台湾総統がトランジットという名目でアメリカに立ち寄る例は，その後も多数存在している．

陳水扁

　陳水扁総統は2001年5月に，エルサルバドル，グアテマラ，パナマ，パラグアイ，ホンジュラスというラテンアメリカ諸国を歴訪した．5か国への訪問に際して，台湾総統として初めてニューヨークでトランジットを実施するという成果を上げた．だが米台関係が冷え込んでいくにしたがって，陳水扁総統への待遇は悪化していった．台湾のプレゼンスが高まるトランジットではなく，文字通り給油するためのトランジットを，アメリカ本土ではなくアラスカ州アン

カレッジで実施することを余儀なくされていった．2007年8月には，ホンジュ
ラス，エルサルバドル，ニカラグアというラテンアメリカ諸国を歴訪した．3
か国への訪問に際して陳水扁総統は，アンカレッジでトランジットを実施した
が，アメリカによる冷遇への抗議の意を込めて飛行機から降りず，米台関係の
冷却化が印象付けられる形となった．

馬英九

馬英九総統は2008年8月に，就任してから初めての外遊として，パラグアイ，
ドミニカというラテンアメリカ諸国を歴訪した．2か国への訪問に際して，ロ
サンゼルスで15時間のトランジットを実施したが，滞在先のホテルに籠りっき
りとなり，派手な活動を展開することはなかった．政権末期にあたる2015年7
月には，ドミニカ，ハイチ，ニカラグアを歴訪した．この歴訪に際して，ボス
トンでトランジットを実施し，博士号を取得した母校ハーバード大学で座談会
に臨み，自身の対中政策などについて語った．ただし，講演会形式による実施
とはせず，良好な関係を築いていた中国への配慮を滲ませた．

蔡英文

以下で詳細に検討するように，蔡英文総統によるアメリカでのトランジット
については，形式面では歴代総統によるトランジットと同じスタイルが踏襲さ
れている．すなわち，ラテンアメリカ等の国交国への訪問に際して，アメリカ
への立ち寄りが実施されている．しかしながら，飛行機の機中や滞在先のホテ
ルに籠りっきりになる姿は，蔡英文政権期にはみられなかった．アメリカへの
立ち寄り時に実際に展開される活動については，トランジットという名目をは
るかに超え，内容面での大幅な充実がみられた．その背後には，トランプ政権
による黙認や水面下でのゴーサインがあったものと考えられる．

さらに一歩進めて，台湾総統によるアメリカ連邦議会での演説を求める声が，
連邦議会では上っている．台湾関係法の制定から40周年を前にした2019年2月
には，ガードナー議員，ルビオ議員，ジョン・コーニン（John Cornyn）議員（テ
キサス州選出），トム・コットン（Tom Cotton）議員（アーカンソー州選出），クルー
ズ議員という5名の共和党上院議員が，蔡英文総統を連邦議会に招待して議会
上下両院合同会議（joint session of Congress）で演説を実施するように求める書簡

を，ペローシ下院議長に対して発した[86]．コーニン上院議員は，この直前まで上院共和党のナンバー２である院内幹事を務めていた重鎮だ．ブッシュ・ジュニア政権で，国務省中国部長を務めたジョセフ・ボスコ（Joseph Bosco）も，同じ趣旨の主張を発表している[87]．

② 蔡英文総統によるニューヨークでのトランジット

蔡英文総統によるアメリカへの立ち寄りの中でも最も注目されたのは，2019年７月のニューヨークへの訪問だった．蔡英文総統は，ハイチ，セントクリストファー・ネービス，セントビンセント及びグレナディーン諸島，セントルシアというカリブ海に所在する台湾国交国４か国を歴訪し，その往路でニューヨークに立ち寄った．国交国への訪問の途上でアメリカに立ち寄るという歴代総統による方式が，形の上では踏襲された．だが，ニューヨークにおいて２泊できたことによって，充分な活動を展開するだけの時間的な余裕が生まれた．

駐ニューヨーク台北経済文化弁事処（事実上の在ニューヨーク台湾総領事館）[88]において開催されたレセプションには，台湾と正式な国交を有する17か国が参加した．これらの国々のうち，国連オブザーバーであるバチカンを除く16か国からは，国連大使が出席者となった．台湾がメンバーとはなっていない国際連合の本部が所在するニューヨークにおいて，台湾総統の「外交」活動が表立った形で展開されたことの意義は，大きかったといえよう．

翌日には，リチャード・アーミテージ（Richard Armitage）元国務副長官と朝食をともにし，ナンシー・ペローシ（Nancy Pelosi）下院議長との電話会談を実施した．そして，米台企業サミット（英語：U.S.-Taiwan Business Summit，中国語：台美企業高峰会）に出席した．同サミットを主催した米台ビジネス協会（英語：US-Taiwan Business Council，中国語：美台商業協会）は，米台国防産業会議を2002年から毎年開催しているが[89]，この会議は後述するように，防衛産業における米台協力の重要なプラットフォームとなっている．

アメリカ東海岸において屈指の名門校であるコロンビア大学で，中国政治研究の世界的権威であるアンドリュー・ネイサン（Andrew Nathan）教授，そしてジャック・スナイダー（Jack Snyder）教授の司会により，クローズド形式での

講演が実施された. この講演で蔡英文総統は, 香港における現状を引き合いに出して,「権威主義と民主主義は共存できない (authoritarianism and democracy cannot coexist)」と述べて, 台湾の民主主義を誇りつつ, 中国の権威主義体制を痛烈に批判した. 自身が台湾で初めての女性総統であること, 台湾がアジアで初めて同性婚を合法化したことにも言及した.

ニューヨークでの2日目の夜に開催されたレセプションには, エリオット・エンゲル (Eliot Engel) 下院外交委員長 (民主党, ニューヨーク州選出), マイケル・マッコール (Michael McCaul) 下院議員 (共和党, テキサス州選出), メネンデス上院議員, ヨーホー下院議員, シャボット下院議員らが姿をみせた. ニューヨークでの3日目の朝には, セントラルパークを散策し, 若い世代の台湾系アメリカ人と交流した.

加えて, ニューヨーク所在のシンクタンクである全米外交政策委員会のスーザン・エリオット (Susan Elliott) 会長やレイモンド・ブルクハルト (Raymond Burghardt) 元アメリカ在台協会理事長と面会した. だが, この事実が明らかになったのは, 同年11月にエリオット会長が訪台した際にであった. 台湾側には, ニューヨークでのトランジットを過度にプレイアップしないという配慮が働いたのだろう.

カリブ海4か国を相次いで訪れた復路に, 蔡英文総統は, コロラド州デンバーに立ち寄った. デンバーでは, 往路のニューヨークと同様に2泊できたことで, 多くの活動を展開できる時間的余裕が生まれた. 同州が地元のガードナー上院議員による歓待を受けたほか, ジャレッド・ポリス (Jared Polis) コロラド州知事 (民主党) と会談し, アメリカ国立再生可能エネルギー研究所 (National Renewable Energy Laboratory, NREL) やアメリカ国立大気研究センター (National Center for Atmospheric Research, NCAR) を訪問した. 台湾総統がコロラド州でトランジットを実施するのは, 初めてであった.

以上のようなニューヨークでの特筆に値する活動の裏では, アメリカ側からのゴーサインが事前に出されていたと考えるのが, 自然であろう. 歴代総統により実施されたトランジットから考えると, アメリカ側からの黙認がなければ, トランジット先で活発に動き回ることは, およそできないであろう. 1995年5

月に李登輝総統がアメリカを訪問した際には，台湾側はニューヨーク通過を希望した．だが国務省はそれを許さず，遠く離れたシラキュースの小さな空港への着陸を求めた．当時のクリントン政権側には，李登輝訪米を少しでもローキーで扱いとの考えがあったといえよう．

　トランプ政権は，ニューヨークでの活発な活動を許すことによって，約半年後に迫っていた2020年総統選挙に向けて，蔡英文総統への支持を事実上打ち出したとみることができる．Ｍ１Ａ２戦車108両などを含む台湾への武器売却が，ニューヨークへのトランジットにあわせて決定されたことも，蔡英文総統への後押しを意味していたといえよう．

③ 蔡英文総統によるその他のトランジット

2016年

　2016年6月には，パナマ（2017年6月に国交断絶），パラグアイというラテンアメリカ2か国への訪問に際して，往路でフロリダ州マイアミに立ち寄り，ルビオ上院議員，キューバ系のイリアナ・ロス・レイティネン（Ileana Ros-Lehtinen）下院議員（共和党，フロリダ州選出），グレッグ・ハーパー（Gregg Harper）下院議員（共和党，ミシシッピ州選出）と会談した．またオリン・ハッチ（Orrin Hatch）上院議員（共和党，ユタ州選出）と電話会談した．

　2か国歴訪の復路では，ロサンゼルスでトランジットを実施した．蔡英文総統を歓迎する夕食会には，いずれもカリフォルニア州選出であるハビエル・ベセラ（Xavier Becerra）（民主党），ロイス（共和党），シャーマン，ジュディ・チュー，ピーターズ，テッド・リュウ（Ted Lieu, 劉雲平）（民主党），グアテマラ系のノーマ・トーレス（Norma Torres）（民主党）という超党派の下院議員が参加した．なおベセラは，バイデン政権で保健福祉長官に起用された．台湾生まれのリュウ議員は，元アメリカ空軍大佐である．朝食会には，こちらもいずれもカリフォルニア州選出であるシャーマン，マイク・ホンダ（Mike Honda）（民主党），ミミ・ウォルターズ（Mimi Walters）（共和党），スコット・ピーターズ（Scott Peters）（民主党）という超党派の下院議員が出席した．

　ビル・クリントン（Bill Clinton）元大統領，ライアン下院議長との電話会談も

実施された．クリントン元大統領には，多くの台湾訪問の実績があり，大統領を退任した後では，2005年2月，2010年11月に訪問している．最初の台湾訪問は，アメリカと台湾が断交した1979年であり，1985年10月10日の双十節パレードでは，主賓の一人となっている．1992年までのアーカンソー州知事時代には，4度にわたって訪台した．頻繁な台湾訪問の背後には，米台国交断絶の後に台湾側が，将来を見据えて新進の州知事との関係構築に力を入れていたという事情がある[93]．

2017年

2017年1月に蔡英文総統は，ホンジュラス，ニカラグア（2021年12月に国交断絶），グアテマラ，エルサルバドル（2018年8月に国交断絶）という中央アメリカの国交国4か国を相次いで訪問した．ニカラグアでは，ダニエル・オルテガ（Daniel Ortega）大統領の就任式に出席した．

4か国への歴訪の往路では，テキサス州ヒューストンに立ち寄った．同州の選出であり，前年の大統領選挙の共和党予備選挙でトランプと争ったクルーズ上院議員と直接会談した．クルーズ議員は，会談後の声明の中で[94]，蔡英文総統と会談しないように求める「奇異な書簡（curious letter）」が，中国領事館から地元議員団に送られたことを明らかにして，中国側による妨害工作を批判した．このほかにも蔡英文総統は，ブレイク・フェアレントホルド（Blake Farenthold）下院議員（共和党，テキサス州選出），アル・グリーン（Al Green）下院議員（民主党，テキサス州選出），グレッグ・アボット（Greg Abbott）テキサス州知事（共和党），シルベスター・ターナー（Sylvester Turner）ヒューストン市長（民主党）と会談し，マケイン上院議員（共和党）との電話会談を実施した．

この歴訪の復路では，カリフォルニア州サンフランシスコが，トランジット先として選択された．トランプ政権が発足する直前というタイミングであったが，政権移行チームの関係者等との接触は表沙汰にはならず，比較的ローキーでのトランジットとなった．

2017年10月に蔡英文総統は，マーシャル諸島，ツバル，ソロモン諸島（2019年9月に国交断絶）という大洋州に所在する国交国3か国を訪問した．3か国への歴訪の往路では，ハワイでトランジットを実施し，後述するようにシンクタ

ンクの関係者と懇談した．歴訪の復路では，グアムでトランジットを実施し，
カルボ知事が主催する歓迎会に出席した．蔡英文総統には，警察の護衛が提供
された[95]．

2018年

2018年8月には，パラグアイ，ベリーズというラテンアメリカ2か国への訪
問が実施された．この訪問の往路では，ロサンゼルスでのトランジットが実施
された．これは台湾旅行法が成立してから，初めてのアメリカへの立ち寄りと
なった．スザナ・マルティネス（Susana Martinez）ニューメキシコ州知事（共和党）
と朝食をともにし，マクシーン・ウォーターズ（Maxine Waters）下院議員（民
主党，カリフォルニア州選出），ブラッド・シャーマン（Brad Sherman）下院議員（民
主党，カリフォルニア州選出），アンディ・ビッグス（Andy Biggs）下院議員（共和党，
アリゾナ州選出）という3人の下院議員との昼食会を開催し，ロサンゼルスまで
わざわざ出向いたガードナー上院議員とも会談した．蔡英文総統を歓迎するレ
セプションには，ロイス下院外交委員長や中国系女性として初めて連邦議会議
員となったジュディ・チュー（Judy Chu，中国語名は趙美心）下院議員（民主党，カ
リフォルニア州選出）の姿もあった．またルビオ上院議員と電話会談した．

加えて，のちに述べるように，レーガン大統領図書館を訪問し，スピーチを
実施した．なお台湾総統が，アメリカにおいて公の場で発言するのは，2003年
以来のことであった．

歴訪の復路には，テキサス州ヒューストンに所在するアメリカ航空宇宙局
（National Aeronautics and Space Administration, NASA）ジョンソン宇宙センター
（Johnson Space Center）を訪問し，台湾総統として初めて，アメリカ連邦政府機
関に足を踏み入れている．歓迎夕食会には，エディー・ジョンソン下院議員，
アル・グリーン下院議員の姿があった．ジョン・エドワーズ（John Bel Edwards）
ルイジアナ州知事（民主党）との会談も実施された．また，世界最大規模のテ
キサス・メディカルセンター（Texas Medical Center, TMC）を視察した．

2019年

2019年3月に蔡英文総統は，大洋州地域に所在する台湾国交国であるパラオ，
ナウル，マーシャル諸島を相次いで訪問した．3か国への歴訪の復路には，ハ

ワイ州ホノルルに立ち寄り，日系のデビッド・イゲ（David Yutaka Ige）州知事（民主党）から出迎えを受けた．このトランジットで蔡英文総統は，ハワイ州緊急事態管理局（Emergency Management Agency, EMA）を訪れて，同局トップであるアーサー・ローガン（Arthur Logan）少将と会談した．後述するようにアメリカ軍から退役した将官は頻繁に訪台しているものの，現役の将官級の訪台はきわめてまれであり，台湾側にとって貴重な機会であったといえよう．また同地からは，ヘリテージ財団が主催する会合にオンラインで参加したほか，ペローシ下院議長と電話会談した．

蔡英文総統がハワイでトランジットを実施するタイミングに合わせて，台湾を後押しする動きが，連邦議会でみられた．上院においては，コットン議員，メネンデス議員，ルビオ議員，クルーズ議員，キャサリン・マスト（Catherine Cortez Masto）議員（民主党，ネバダ州選出），クーンズ議員という共和民主両党の超党派の議員が，台湾保証法案を提出した．下院では，マイケル・マッコール議員が法案を提出した．

④ 総統以外の台湾要人による訪米

総統以外の台湾要人によるアメリカ訪問も，相次いで実施された．

李大維国家安全会議秘書長

実務的に大きな意味があったと考えられるのが，李大維（David Tawei Lee）国家安全会議（National Security Council, NSC）秘書長によるアメリカ訪問だっただろう．李大維秘書長は2019年5月にワシントンを訪問し，アメリカ側のカウンターパートにあたるボルトン大統領補佐官と会談した．アメリカと台湾のNSC責任者が会談するのは，米台断交後では初めてのことだった．相互理解を深めるには，在台アメリカ協会を通じたコミュニケーションだけでは必ずしも十分ではないことから，この会談は米台双方の指導層にとって重要であった．[96)]

台湾側から出席した国家安全会議秘書長は，行政院長，立法院院長，司法院院長，考試院院長，監察院院長という五院のトップと同格の地位にあり，総統の最側近とみなされている．[97)]李大維秘書長本人も，トランプ次期大統領と蔡英文総統の電話会談（2016年12月）に同席し，のちに総統府秘書長に転任するな

ど，蔡英文総統からの信任が厚い．

頼清徳次期副総統

2020年1月総統選挙直後の同年2月には，蔡英文総統とともに副総統に当選を果たした頼清徳（William Lai）前行政院院長が，ワシントンを訪問した．トランプ大統領も参加した全米祈祷朝餐会（National Prayer Breakfast）に出席するための訪問だった．次期副総統が訪米するのは，アメリカと台湾が断交してからは初めてのことだった．

頼清徳次期副総統は，ジム・リッシュ（Jim Risch）上院議員（共和党，アイダホ州選出），メネンデス上院議員，ガードナー上院議員と同時に会談したが，この席はリッシュ委員長を始め上院外交委員会の有力なメンバーと，米台関係の強化について意見を交わす場となった．連邦議会関係ではほかに，ルビオ上院議員，ペローシ下院議長とも会談した．保守系シンクタンクのハドソン研究所でも，意見交換の場が設けられた．加えて頼清徳次期副総統が訪れたのが，ホワイトハウスのNSCであり，オブライエン大統領補佐官とも面会したという[98]．

なお頼清徳次期副総統のアメリカ訪問には，コロンビア大学で修士号を取得するなど在米経験が長い蕭美琴前立法委員が随行した．蕭は，帰国後の2020年4月に国家安全会議諮詢委員に任じられ，同年7月には女性としては初めての駐アメリカ台北経済文化代表処代表（事実上の駐アメリカ台湾大使）に任命され，米台関係の最前線に立つこととなった．頼清徳次期副総統，蕭美琴前立法委員ともに，アメリカ訪問の時点では公職に就いていなかったことから，形式的には私人による訪米であり，米台両政府から公式のコメントは発せられなかった．だが充実したスケジュールからは，台湾重視がワシントンのコンセンサスであることが読み取れ，加えてポスト蔡英文の有力候補として取り沙汰されていた頼清徳に対するアメリカ側の関心も窺えた．なお2024年1月総統選挙で，頼清徳が総統に，蕭美琴が副総統に，それぞれ当選した．

また，次期副総統による外遊の前例と比較することによって，台湾がアメリカとの関係を重視する姿勢が鮮明になったとの指摘がある[99]．2008年1月の総統選挙では，国民党の馬英九元台北市長が当選を決めたが，副総統に当選したのは蕭萬長元行政院院長だった．同年4月に蕭萬長次期副総統は，中国海南省で

開催されたボアオ・フォーラムに出席し，胡錦濤中国共産党総書記と会談して，馬英九次期政権による対中関係重視が明らかとなった．

その他の台湾要人の訪米

他にも2018年8月には，マケイン上院議員の告別式に参列するために，蘇嘉全立法院院長（民主進歩党所属）がアメリカを訪問した．ワシントンでは，ライアン下院議長と会談した．アメリカと台湾の議会議長による会談は，2008年以来で10年ぶりのことだった．閣僚級では，2017年9月に李応元・環境保護署署長が訪問先のワシントンでスコット・プルイット（Scott Pruitt）環境保護庁長官と会談した．2018年9月には，のちに新型コロナウイルス対策で脚光を浴びる陳時中衛生福利部部長が，ワシントンでエイザー保健福祉長官と会談した．

⑤ 総統候補にとっての訪米，訪日の意義

現職総統だけではなく，総統の座を目指す者にとっても，アメリカの地を踏むことは重要な意味を持ってきた．これまでの総統選挙で野党候補は，事前にアメリカや日本を訪問して自身の外交政策を要路に説明し，理解を取り付けようとしてきた．現職総統がアメリカや日本への訪問がままならないことから，野党の総統候補は重要国への外遊を果たすことで，世論にアピールするという効果も期待できよう．

アメリカ側の視点に立てば，総統候補訪米に対する待遇を比較することで，歴代政権の台湾政策の変遷を大まかに辿ることができる．2012年総統選挙が翌年に迫る中で，2011年9月に訪米した野党民進党の蔡英文主席は，アメリカ側から厚遇を得られなかった．オバマ政権高官は，近年の台湾海峡の安定を継続する意思と能力が蔡英文主席にあるのか大いに疑問だと述べたと言い[100]，アメリカ側は現職である馬英九総統の再選支持を事実上打ち出した．その背後には，良好な中台関係の維持というオバマ政権の方針があった．

一方で，2016年総統選挙を前に訪米した野党民進党の蔡英文主席への待遇は，4年前とは大きく異なっていた．2015年5月から6月のアメリカ訪問では，総統候補として初めてホワイトハウスに足を踏み入れて，エヴァン・メデイロス（Evan S. Medeiros）国家安全保障会議アジア上級部長と会談し，国務省ではアン

トニー・ブリンケン（Antony J. Blinken）国務副長官と会談した．前回とは打って変わってオバマ政権は，蔡英文主席を厚遇することで，事実上の支持を打ち出したといえよう．[101]

　2020年総統選挙に向けてトランプ政権は，民進党現職の蔡英文総統に対しては，ニューヨークでの見せ場を用意した．一方で野党国民党の韓国瑜高雄市長については，アメリカ訪問の機会そのものが設けられなかった．両候補の待遇に目に見える差をつけることによって，蔡英文総統に対する支持を事実上打ち出したといえよう．なお韓国瑜市長は，日本への訪問も果たすことができなかったが，一方で2019年3月には中国を訪れ，米日よりも中国に傾斜する姿勢が示された．

　総統候補はアメリカに加えて，日本への訪問も実施している．野党民進党の蔡英文主席は2016年総統選挙を前に，日本への訪問を果たした．2015年10月の訪日中には，安倍晋三総理の実弟である岸信夫衆議院議員の案内で，安倍総理と岸代議士の地元である山口県にまで足を延ばした．東京滞在中には国会近くのザ・キャピトルホテル東急で，安倍総理とも密かに面会したのではないかとの観測が流れた．以上のように蔡英文主席は，充実した日程をこなしつつ日本の要路と緊密な意思疎通を図り，自らの政策に対する理解を深めるという所期の目的を達成したといえよう．

　蔡英文総統は中国への過剰な挑発を慎みつつ，アメリカや日本との関係強化に専心し，ワシントンでの評価を高めた．蔡英文路線は，台湾独立あるいは中台統一という両極端の主張から距離を置いた点が評価された．

6　米台窓口機関，外交当局による協力

（1）　アメリカ在台協会（AIT）

　アメリカ在台協会（英語：American Institute in Taiwan, AIT，中国語：美国在台協会）は，正式な国交が存在していないアメリカと台湾の関係において，アメリカ側の窓口機関の役割を果たしている．アメリカ在台協会台北事務所（英語：Taipei Office，中国語：台北弁事処）が事実上の在台湾アメリカ大使館の役割を担い，台

北事務所所長が事実上の駐台湾アメリカ大使の役割を果たしている.

　アメリカ在台協会台北事務所は，台北市の東部に位置する内湖区に，2億5600万ドルを投じて新たに建設された[102]. 2018年6月に開催された落成式（Dedication Ceremony）は，台湾関係法の制定から40周年という節目と重なったことに加えて，アメリカ政府高官の台湾訪問を奨励する台湾旅行法が同年3月に成立してから間もないタイミングだったこともあり，いったい誰が派遣されるかに関心が寄せられた. 既述のように，議会からは閣僚派遣を求める声が上がった. ジョン・ボルトン（John Bolton）大統領補佐官の派遣も一部では取り沙汰されたが，実際には，シンガポールで開催されたトランプ大統領と北朝鮮の金正恩国務委員長による史上初の米朝首脳会談に同席した.

　台北での式典には，マリー・ロイス（Marie Royce）国務次官補（教育文化担当）が出席した. 取り沙汰された閣僚レベルではなく，次官補レベルでの派遣に落ち着いた一方で，親台派と目され，台湾旅行法の提出者に名前を連ねたエド・ロイス（Ed Royce）下院外交委員長（共和党，カリフォルニア州選出）の配偶者が派遣されたことに，人選の妙があったといえよう. 既述のように，次官補就任前のマリー・ロイスは2017年9月に，夫への叙勲式典に陪席するために訪台している.

　筆者は台湾大学での在外研究期間中の2020年4月に，アメリカ在台協会台北事務所を訪れた. 台湾情勢を巡っての意見交換が訪問目的だったが，面会相手である台北事務所の職員は，国務省から台北に派遣されている中堅外交官だった. 丘の上の巨大な要塞のような構えからは，アメリカのプレゼンスそしてアメリカによる台湾へのコミットメントを可視化しようとするアメリカの意志が，強く感じられた. ロイス国次官補は落成式でのスピーチで，「新事務所は21世紀における米台パートナーシップの強さと活力の象徴である」と述べている[103].

　台北事務所の警備のために，現役の陸軍大佐が派遣されているとかねてより指摘されていたが[104]，2019年4月に台北事務所報道官が，2005年からアメリカ軍の人員が駐在していることを公に認めた. 従前は中国への配慮からローキーで実施していた台湾へのバックアップについて，公然と実施することによって，

中国に対する牽制のカードとして利用しようとする意図があるものと考えられる．後述するように，以前から実施していたアメリカ海軍艦船による台湾海峡の航行について，トランプ政権期に公表を開始したのと，公然化という点で同様の手法といえるだろう．

　アメリカ在台協会台北事務所所長については，議会による台湾への支援と台湾関係法へのコミットメントを示すために，大統領による指名ポストとする法律の制定が，USCC から提言されている[105]．アメリカ合衆国憲法第 2 章第 2 条第 2 項によって，大統領は大使等の法律に基づき設置されるすべての公務員の指名について，上院の助言と承認（advice and consent）を得なければならない．よってこの提案は，事実上の駐台湾アメリカ大使の人事に議会の関与を加えて，同ポストの格を高めようとするものだといえよう．

　2003会計年度対外関係授権法（Foreign Relations Authorization Act）[106]第326条によって，国務省を含むアメリカ政府職員のアメリカ在台協会への派遣が，アメリカの国益に適うとの判断があれば，離職することなく実施可能となった．一方で日本では，外務省職員はいったん離職してから日本台湾交流協会台北事務所に赴任しており，この点では日米の制度に相違がある．また同法第693条は，アメリカ在台協会及び所長公邸においては，他の大使館，総領事館等と同様に，アメリカ国旗を公然と（publicly）掲揚すべきだとした．

（2）　台湾側窓口機関

　台湾側でアメリカに対する窓口機関の役割を果たしていた北米事務協調委員会（Coordination Council for North American Affairs, CCNAA）は，台湾関係法の制定から40周年という機会を捉えて，台湾アメリカ事務委員会（Taiwan Council for U.S. Affairs）へと名称が変更された（2019年 5 月）．

　同様の趣旨による名称変更は，日本と台湾との間でも，米台に先駆けて実施された．日本側で台湾に対する窓口機関の役割を果たしていた交流協会の名称が，2017年 1 月に日本台湾交流協会へと変更になった．台湾側の日本に対する窓口機関の名称は，2017年 5 月に，亜東関係協会から台湾日本関係協会に変更された．従前の交流協会といった名称は，「台湾」という語を用いず意味内容

が漠然としており，北京への一定の配慮が込められていたといえる．だが，米台及び日台間での一連の変更により，名称に「台湾」が含まれることとなって北京への配慮は後退し，米台関係及び日台関係がそれぞれ深化を遂げていることが，象徴的に示されたものと評価できる．

　ワシントンにおける駐アメリカ台北経済文化代表処（事実上の在アメリカ台湾大使館）の活動では，ツインオークス（Twin Oaks, 雙橡園）が，重要な役割を果たしている．1888年に建設され，発明家アレクサンダー・グラハム・ベルの義父の邸宅となり，初めて電話がかけられた場所といわれている．クリーブランド・パークという好適地に所在する優雅な公邸が，事実上の外交舞台として機能しており，2021年３月には蕭美琴駐アメリカ代表がポンペオ前国務長官を迎えた．

（3）　国務省幹部等による台湾訪問
① 国務省幹部

　オバマ政権終盤には2016年６月，同年12月に，マシュー・マシューズ（Matthew J. Matthews）国務次官補代理が訪台し，蔡英文総統と会談した．マシューズ次官補代理は，東アジア・太平洋局でオーストラリア，ニュージーランドおよび太平洋島嶼国を，併せて大使としてアジア太平洋経済協力を担当していた．

　トランプ政権下では，詳述したクラック国務次官訪台（2020年９月）以外にも，国務省幹部による訪台が実施された．既述の通り，2018年３月には台湾旅行法の成立直後というタイミングでウォン次官補代理が，2018年６月にはアメリカ在台協会台北事務所の落成式出席のためロイス国務次官補が，それぞれ訪台した．

　2018年10月そして2019年９月には，スコット・バズビー（Scott Busby）国務次官補代理（民主主義・人権・労働局（Bureau of Democracy, Human Rights, and Labor））が訪台し，蔡英文総統と会談した．

　2019年４月には，台湾関係法40周年というタイミングで，デヴィッド・ミール（David Meale）国務次官補代理が訪台し，蔡英文総統と会談した．ミール次官補代理は，経済商務局（Bureau of Economic and Business Affairs）で貿易政策・交渉（Trade Policy and Negotiations, TPN）を担当していたが，2000年から2004年

には台北に駐在していた経験がある外交官だ．後述するように2019年10月には，オードカーク国務次官補代理が訪台した．

　以上の検討から，国務次官補代理レベルによる訪台は，比較的頻繁に実施されていることが分かる．一方で，国務次官補レベルでの訪台は，トランプ政権を通じて一度のみであり，国務省のハイレベルの訪台には，依然として大きなハードルがあるといえよう．

② 商務省幹部

　オバマ政権下の2016年5月には，マーカス・ジャドッテ（Marcus Jadotte）商務次官補が訪台し，就任直後の蔡英文総統と会談した．2019年12月には，ステフ商務次官補（グローバル市場担当）が訪台し，蔡英文総統と会談した．同氏は既述のように，2018年3月にも次官補代理として訪台している．

（4）　GCTF，太平洋対話

　2015年には，グローバル協力訓練枠組み（Global Cooperation and Training Framework, GCTF）が，人材育成のための枠組みとして，アメリカと台湾の間で立ち上げられた．2019年からは日本台湾交流協会が共催に加わった．2020年には5周年にあたって，呉釗燮台湾外交部長，ブレント・クリステンセン（Brent Christensen）台北事務所所長，泉裕泰台北事務所代表の名義で，共同声明が発出され，日米台連携の進展を印象付けた．防災，人道援助，気候変動等，協力進展が比較的容易なテーマが選択されている．蔡英文総統も同枠組みに言及し，重視する姿勢を示している．

　後述のように2019年10月には太平洋対話が立ち上げられて，オードカーク国務次官補代理が訪台して出席した．2019年3月には，インド太平洋民主ガバナンス協議（U. S.-Taiwan Consultations on Democratic Governance in the Indo-Pacific Region）の立ち上げが発表された．

お わ り に

　本章においては，アメリカの台湾政策について，大統領，連邦政府，連邦議会という複数の観点から考察してきた．本章冒頭では，歴代政権による台湾政策がどのような変遷を辿ってきたかについて，国家安全保障戦略から読み解いた．アメリカの台湾政策に関して検討するには，大統領そして大統領を支える連邦政府について，まずは注目する必要がある．トランプ大統領からの政策発信を取り上げつつ，トランプ大統領自身の台湾に対する考え方について検討した．ここから明らかになったのは，トランプ大統領自身は台湾に対して必ずしも関心が高いわけではないが，連邦政府が台湾政策の推進力となったということだ．

　一方で，連邦政府の政策のみに焦点を当てるのでは，アメリカの台湾政策を理解する上では不十分といわざるをえないというのが，本章の結論である．アメリカ合衆国憲法の規定を踏まえれば，連邦議会は，外交政策についての影響力を有している．本章では，連邦政府に加えて，連邦議会も役割を果たすことによって，台湾政策の推進力が高まっていったことが，明らかになった．

　要人往来という観点からも，本章では検討を加えた．閣僚を含むアメリカ連邦政府高官による台湾訪問について，詳細に分析した．本章ではさらに，台湾側の要人によるアメリカ訪問についても，アメリカ側の反応にも触れながら，考察した．アメリカ側の反応を明らかにすることによって，そこに込められたアメリカの政策発信について，浮き彫りにすることができた．

　すなわち，蔡英文総統のアメリカ入国は，過去の総統の前例と同様に，トランジットという名目で実施された．しかしながら，本章で詳細に検討したように，アメリカへの立ち寄り時に実際に展開された活動については，トランジットという名目をはるかに超えて，内容面での大幅な充実がみられた．その背後には，トランプ政権による黙認，あるいは水面下でのゴーサインがあったものと考えられる．

　ただし，本章の検討のみでは，アメリカの台湾政策の全容を明らかにするに

は至っていない．次章では，アメリカによる台湾関与の核心である台湾関係法に基づく武器売却について，中心的に検討する．

注

1 ） この法律の条文は〈https://www.congress.gov/99/statute/STATUTE-100/STATUTE-100-Pg992.pdf〉を参照せよ．

2 ） https://2009-2017.state.gov/documents/organization/63562.pdf.

3 ） https://history.defense.gov/Portals/70/Documents/nss/nss2006.pdf.

4 ） https://obamawhitehouse.archives.gov/sites/default/files/rss_viewer/national_security_strategy.pdf.

5 ） https://obamawhitehouse.archives.gov/sites/default/files/docs/2015_national_security_strategy_2.pdf.

6 ） President of the United States, "National Security Strategy of the United States of America," December 17, 2017 〈https://trumpwhitehouse.archives.gov/wp-content/uploads/2017/12/NSS-Final-12-18-2017-0905.pdf〉.

7 ） "Trump says Taiwan president 'called me' to offer congratulations," *Reuters*, December 3, 2016 〈https://jp.reuters.com/article/usa-trump-taiwan-tweet/trump-says-taiwan-president-called-me-to-offer-congratulations-idINKBN13S01J〉.

8 ） Bob Davis and Lingling Wei, *Superpower Showdown: How the Battle Between Trump and Xi Threatens a New Cold*, Harper Business, 2020, p. 160

9 ） Ryan Struyk, "Vice President-Elect Pence Says Trump's Phone Call With Taiwan 'Just A Courtesy Call': Pence spoke with ABC's George Stephanopoulos on Sunday," abc News, December 5, 2016 〈https://abcnews.go.com/Politics/vice-president-elect-pence-trumps-phone-call-taiwan/story?id=43952277〉.

10） Anne Gearan, Phillip Rucker, and Simon Denyer, "Trump's Phone Call for Taiwan Was Long Planned, Say People Who Were Involved," *Washington Post*, December 4, 2016 〈https://www.washingtonpost.com/politics/trumps-taiwan-phone-call-was-weeks-in-the-planning-say-people-who-were-involved/2016/12/04/f8be4b0c-ba4e-11e6-94ac-3d324840106c_story.html〉.

11） Nike Ching, "Trump-Tsai Call Reflects Views of Trump Advisers Urging Toughness With China," *Voice of America*, December 06, 2016 〈https://www.voanews.com/a/trump-tsai-call-reflects-views-of-trump-advisers-urging-toughness-with-china/3624694.html〉.

12） Michael Crowley, "Bull in a China shop: Trump risks diplomatic blowup in Asia,"

Politico, December 2, 2016 〈https://www.politico.com/story/2016/12/trumps-call-with-taiwan-president-risks-diplomatic-dispute-232146〉.

13）　Dean P. Chen, *US-China-Taiwan in the Age of Trump and Biden: Towards a Nationalist Strategy*, Routledge, 2022, p. 42.

14）　トランプ自身の予測不可能性が，対中政策に与えうる影響について考察した論考として，次がある．久保文明「総論　トランプ大統領の予測不可能性とトランプ政権の対中政策」『トランプ政権の対外政策と日米関係』日本国際問題研究所，平成31年3月〈http://www2.jiia.or.jp/pdf/research/H30_US/11_summary-kubo.pdf〉.

15）　たとえば，以下の論考がある．Jeff Jacoby, "There is one China and one Taiwan. Let's all stop pretending otherwise," *The Boston Globe*, December 2016 〈https://www.bostonglobe.com/opinion/2016/12/06/one-china-one-taiwan/Uo5ntDm9feYAd3BPew9IDN/story.html〉.

16）　"Exclusive: Donald Trump on Cabinet Picks, Transition Process," Fox News Sunday, December 11, 2016 〈http://www.foxnews.com/transcript/2016/12/11/exclusive-donald-trump-on-cabinet-picks-transition-process.html〉.

17）　この電話会談での遣り取り及び実現に至る経緯については，以下を参照せよ．Davis and Wei, *op. cit.*, pp. 169-171.

18）　Demetri Sevastopulo, "Trump Backs 'One China' Policy in First President Call with Xi," *Financial Times*, February 10, 2017 〈https://www.ft.com/content/40825e36-ef3f-11e6-930f-061b01e23655〉.

19）　Jeff Mason, Stephen J. Adler, and Steve Holland, "Exclusive: Trump Spurns Taiwan President's Suggestion of Another Phone Call," *Reuters*, April 28, 2017 〈https://jp.reuters.com/article/us-usa-trump-taiwan-exclusive/exclusive-trump-spurns-taiwan-presidents-suggestion-of-another-phone-call-idUSKBN17U05I〉.

20）　中華民国総統府「蔡総統与美国総統当選人川普通話　盼台美建立更緊密合作関係」2017年12月3日〈https://www.president.gov.tw/NEWS/20933〉.

21）　Bob Woodward, *Fear: Trump in the White House*, Simon & Schuster, 2018, p. 305.

22）　John Bolton, *The Room Where It Happened*, Simon & Schuster, 2020, p. 313.

23）　Department of Defense, "Indo-Pacific Strategy Report: Preparedness, Partnerships, and Promoting a Networked Region," June 1, 2019 〈https://media.defense.gov/2019/Jul/01/2002152311/-1/-1/1/DEPARTMENT-OF-DEFENSE-INDO-PACIFIC-STRATEGY-REPORT-2019.PDF〉.

24）　Department of State, "A Free and Open Indo-Pacific: Advancing a Shared Vision," November 4, 2019 〈https://www.state.gov/wp-content/uploads/2019/11/Free-and-Open-Indo-Pacific-4Nov2019.pdf〉.

25） 同政策を評価するアメリカ側の論考としては，たとえば次がある．Richard C. Bush and Hunter Marston, "Taiwan's engagement with Southeast Asia is making progress under the New Southbound Policy," The Brookings Institution, July 30, 2018 〈https://www.brookings.edu/opinions/taiwans-engagement-with-southeast-asia-is-making-progress-under-the-new-southbound-policy/〉.

26） White House, "United States Strategic Approach to the People's Republic of China," May 20, 2020 〈https://trumpwhitehouse.archives.gov/wp-content/uploads/2020/05/U.S.-Strategic-Approach-to-The-Peoples-Republic-of-China-Report-5.24v1.pdf〉.

27） https://trumpwhitehouse.archives.gov/wp-content/uploads/2021/01/IPS-Final-Declass.pdf.

28） Robert C. O' Brien, "A Free and Open Indo-Pacific," January 5, 2021 〈https://trumpwhitehouse.archives.gov/wp-content/uploads/2021/01/OBrien-Expanded-Statement.pdf〉.

29） 佐竹知彦「米国のインド太平洋戦略枠組みと日本への含意」防衛研究所『NIDSコメンタリー』第154号，2021年1月26日 〈http://www.nids.mod.go.jp/publication/commentary/pdf/commentary154.pdf〉.

30） "Remarks by Vice President Pence on the Administration's Policy Toward China," October 4, 2018 〈https://trumpwhitehouse.archives.gov/briefings-statements/remarks-vice-president-pence-administrations-policy-toward-china/〉.

31） "Remarks by Vice President Pence at the Frederic V. Malek Memorial Lecture," October 24, 2019 〈https://trumpwhitehouse.archives.gov/briefings-statements/remarks-vice-president-pence-frederic-v-malek-memorial-lecture/〉.

32） Michael R. Pompeo, "On Taiwan's Election," Department of State, January 11, 2020 〈https://www.ait.org.tw/statement-by-secretary-of-state-michael-r-pompeo-on-taiwans-election/〉.

33） Michael R. Pompeo, "Taiwan's Inauguration of President Tsai Ing-wen," Department of State, May 20, 2020 〈https://2017-2021.state.gov/taiwans-inauguration-of-president-tsai-ing-wen/〉.

34） ボイス・オブ・アメリカ（Voice of America, VOA）の中国語版である美国之音中文網の公式ツイッター上で，動画を確認できる 〈https://twitter.com/i/status/1262977099771654144〉.

35） 佐橋亮「アメリカと中国（9）新型コロナウイルス感染症後に加速する米中対立の諸相 〈上〉」東京財団政策研究所，2020年5月29日 〈https://www.tkfd.or.jp/research/detail.php?id=3429〉.

36） 佐橋，前掲「アメリカと中国（9）」.

37） Josh Rogin, "Opinion: Matthew Pottinger exits, but his China strategy is here to stay," *Washington Post*, January 7, 2021 〈https://www.washingtonpost.com/opinions/global-opinions/matthew-pottinger-exits-but-his-china-strategy-is-here-to-stay/2021/01/07/0a54df32-512e-11eb-83e3-322644d82356_story.html〉.

38） Robert C. O' Brien, "The Chinese Communist Party's Ideology and Global Ambitions," June 24, 2020 〈https://trumpwhitehouse.archives.gov/briefings-statements/chinese-communist-partys-ideology-global-ambitions/〉.

39） Christopher Wray, "The Threat Posed by the Chinese Government and the Chinese Communist Party to the Economic and National Security of the United States," July 7, 2020 〈https://www.fbi.gov/news/speeches/the-threat-posed-by-the-chinese-government-and-the-chinese-communist-party-to-the-economic-and-national-security-of-the-united-states〉.

40） Michael R. Pompeo, "Communist China and the Free World's Future," July 23, 2020 〈https://2017-2021.state.gov/communist-china-and-the-free-worlds-future-2/index.html〉.

41） "Statement from the Press Secretary on China's Political Correctness," White House, May 5, 2018 〈https://trumpwhitehouse.archives.gov/briefings-statements/statement-press-secretary-chinas-political-correctness/〉.

42） James Mann, *About Face: A History of America's Curious Relationship with China from Nixon to Clinton*, Vintage Books, 2000, p. 321.

43） 決議の正式名称は，"Expressing the sense of the Congress regarding a private visit by President Lee Teng-hui of the Republic of China on Taiwan to the United States" である．決議の全文は，〈https://www.congress.gov/bill/104th-congress/house-concurrent-resolution/53/text〉を参照せよ．

44） 決議の正式名称は，"A concurrent resolution expressing the sense of Congress regarding missile tests and military exercises by the People's Republic of China" である．決議の全文は，〈https://www.congress.gov/bill/104th-congress/house-concurrent-resolution/148/text〉を参照せよ．

45） 吉原欽一「ブッシュ政権とその政策形成について」久保文明編『G.W.ブッシュ政権とアメリカの保守勢力──共和党の分析──』日本国際問題研究所，2003年，54ページ．

46） 久保文明「共和党の変容と外交政策への含意」久保編，前掲『G.W.ブッシュ政権とアメリカの保守勢力──共和党の分析──』27ページ．

47） https://www.congress.gov/bill/116th-congress/senate-concurrent-resolution/13/text.

48） https://www.congress.gov/bill/116th-congress/house-resolution/273/text.

49）石垣友明『アメリカ連邦議会——機能・課題・展望』有斐閣，2023年，116ページ．

50）この法律の条文は〈https://www.congress.gov/bill/115th-congress/house-bill/535/text〉を参照せよ．

51）"AmCham Taipei Banquet Provides Forum for State Dept. Official's Remarks," March 23, 2018〈https://amcham.com.tw/2018/03/amcham-taipei-banquet-provides-forum-for-state-dept-officials-remarks/〉.

52）Mike Kuo, "Act signals improved Taiwan-US relations," March 13, 2018〈https://fapa.org/act-signals-improved-taiwan-us-relations/〉.

53）Kent E. Calder, *Asia in Washington: Exploring the Penumbra of Transnational Power*, Brooking Institution Press, 2014, pp.162-163.

54）この法律の名称の日本語訳としては他にも，防衛省『令和2年版　防衛白書』86ページによるアジア再保証イニシアティブ法，森聡によるアジア安心供与法といった用例がある．なお，この法律の条文は〈https://www.congress.gov/bill/115th-congress/senate-bill/2736/text〉を参照せよ．

55）台湾同胞に告げる書は，1979年1月に全国人民代表大会常務委員会から発表された公開書簡であり，中国による台湾政策文書とみなされている．内容としては，軍事対峙の終結や交流拡大の提起が含まれており，中国側の台湾政策が，武力解放から平和統一へと転換した文書ともいわれる．防衛省『令和元年版　防衛白書』88ページを参照〈http://www.clearing.mod.go.jp/hakusho_data/2019/pdf/R01010202.pdf〉.

56）「習近平：為実現民族偉大復興 推進祖国和平統一而共同奮闘——在《告台湾同胞書》発表40周年紀念会上的講話」中共中央台湾工作弁公室，2019年1月2日〈http://www.gwytb.gov.cn/headlines/201901/t20190102_12128203.htm〉.

57）「紀念《告台湾同胞書》30周年 胡錦濤発表重要講話」中共中央台湾工作弁公室，2008年12月31日〈http://www.gwytb.gov.cn/zt/hu/201101/t20110125_1732427.htm〉.

58）この法律の条文は〈https://www.congress.gov/bill/116th-congress/senate-bill/1678/text〉を参照せよ．

59）この法律の条文は〈https://www.congress.gov/116/bills/hr133/BILLS-116hr133enr.pdf〉を参照せよ．

60）"H.R.1151 – To direct the Secretary of State to develop a strategy to obtain observer status for Taiwan at the triennial International Civil Aviation Organization Assembly, and for other purposes."〈https://www.congress.gov/bill/113th-congress/house-bill/1151/text〉.

61）CECCがウイグル問題において果たした役割については，村上政俊「新疆ウイグル自治区の人権問題に関する米国の対中制裁措置」中曽根平和研究所コメンタリー，2022年〈https://www.npi.or.jp/research/data/NPI_Commentary_Murakami.pdf〉.

62）　Gordon Lubold, "Donald Trump Considering Retired General James Mattis for Defense Chief," *Wall Street Journal*, November 18, 2016 〈https://www.wsj.com/articles/donald-trump-considering-retired-general-james-mattis-for-defense-chief-1479502633〉.

63）　久保文明「近年の米国共和党の保守化をめぐって——支持団体の連合との関係で——」『法学研究』第75巻1号（山田辰雄教授退職記念号），2002年，116ページ.

64）　Jake Pearson, "Want to Meet With the Trump Administration? Donald Trump Jr.'s Hunting Buddy Can Help," *ProPublica*, July 22, 2019 〈https://www.propublica.org/article/trump-inc-podcast-tommy-hicks-jr-donald-trump-jr-hunting-buddy〉.

65）　Calder, *op. cit.*, pp. 160-161.

66）　2019年5月に同氏が，東京財団政策研究所において「最近のアメリカの政治動向と対外政策」と題して政策対話を実施した際には，筆者がモデレーターを務めた〈https://www.tkfd.or.jp/research/detail.php?id=3119〉.

67）　Congressional Research Service, "Taiwan: Select Political and Security Issues," August 19, 2020 〈https://fas.org/sgp/crs/row/IF10275.pdf〉.

68）　Mann, *op. cit.*, p. 319.

69）　"George H.W. Bush Oral History Project: Interview With Carla Hills," Miller Center, University of Virginia, January 6, 2004 〈https://millercenter.org/the-presidency/presidential-oral-histories/carla-hills-oral-history〉.

70）　全文は〈https://www.rubio.senate.gov/public/_cache/files/e27e23fe-3c13-4cd5-b7c0-f103e578710f/A682F9C44C82483D8C35E5D281946CF9.20190304-letter-to-president-trump-on-taiwan.pdf〉を参照.

71）　台湾外交部の管理の下で，迎賓施設として使用されている．元来は日本統治時代に台湾総督官邸として建築され，1913（大正2）年に完成した.

72）　"HHS Secretary Alex Azar to Lead Delegation to Taiwan in First Visit by a U.S. HHS Secretary," American Institute in Taiwan, August 5, 2020 〈https://www.ait.org.tw/hhs-secretary-alex-azar-to-lead-delegation-to-taiwan-in-first-visit-by-a-u-s-hhs-secretary/〉.

73）　1947年大統領継承法（Presidential Succession Act）によって，1位 副大統領，2位 下院議長，3位 上院仮議長，4位 国務長官，5位 財務長官，6位 国防長官，7位 司法長官，8位 内務長官，9位 農務長官，10位 商務長官，11位 労働長官，12位 保健福祉長官，13位 住宅都市開発長官，14位 運輸長官，15位 エネルギー長官，16位 教育長官，17位 退役軍人長官，18位 国土安全保障長官と定められている．なお，台湾への派遣実績がある環境保護庁長官，通商代表，中小企業庁長官は，通常閣僚級として扱われるものの，大統領継承権を持たない.

第2章　大統領，連邦政府，連邦議会と台湾政策　　*63*

74)　米台FTAを支持する論考として，たとえばKurt Tong, "Now Is the Right Time for a Trade Agreement with Taiwan," CSIS, May 27, 2020 〈https://www.csis.org/analysis/now-right-time-trade-agreement-taiwan〉がある．

75)　中国政府と関係する投資ファンドによるアメリカ半導体メーカー・ラティス・セミコンダクター（Lattice Semiconductor）の買収を巡って，トランプ大統領が大統領権限の活用によって阻止した事例については，村上政俊「大統領権限と制裁——対東アジア（中国，北朝鮮）を中心に」久保文明・阿川尚之・梅川健編，東京財団政策研究所監修『アメリカ大統領の権限とその限界　トランプ大統領はどこまでできるか』日本評論社，2018年，156ページ～157ページを参照．

76)　トランプ政権期の米中技術覇権については，村上政俊「トランプ政権下の米中関係——ワシントンにおける政策の収斂と太平洋を挟んだイデオロギー的分極化」久保文明編，東京財団政策研究所監修『トランプ政権の分析——分極化と政策の収斂との間で』日本評論社，2021年，134ページ～138ページを参照．

77)　Lisa Friedman, "Trump's E.P.A. Chief Plans 2 Foreign Trips Before Leaving Office," *The New York Times*, November 19, 2020 〈https://www.nytimes.com/2020/11/19/climate/andrew-wheeler-epa.html〉．

78)　筆者は，外交・国際事務学院の高安副院長の招待を受けて，台湾大学で在外研究中の2020年3月12日に，「インド太平洋戦略における日米台協力」と題して講演した．

79)　中華民国総統府「与美国駐聯合国常任代表克拉芙特大使視訊談話」2021年1月14日〈https://www.president.gov.tw/News/25859〉．

80)　「有図有真相　美駐聯大使帯台湾黒熊布偶進聯国」中央通訊社，2021年1月15日〈https://www.cna.com.tw/news/firstnews/202101150010.aspx〉．

81)　この法律の条文は〈https://www.congress.gov/bill/105th-congress/house-bill/2431/text〉を参照せよ．

82)　加瀬みき「エバンジェリカルの外交観と孤立主義の要因」久保文明編『アメリカ外交の諸潮流——リベラルから保守まで——』日本国際問題研究所，2007年，246ページ．

83)　Mann, *op. cit.*, pp. 315-316.

84)　Calder, *op. cit.*, p. 166.

85)　日本の総理大臣によるアメリカ連邦議会上下両院合同会議での演説の例としては，安倍晋三総理による「希望の同盟へ（Toward an Alliance of Hope）」と題した演説がある（2015年4月29日）〈https://www.mofa.go.jp/mofaj/na/na1/us/page4_001149.html〉．

86)　https://www.rubio.senate.gov/public/_cache/files/6bdf2ed2-1642-4fc3-a4e5-38562090016c/1BD604E5F0C1A951496B8BD7F777CC84.taiwan-letter-02.07.19.pdf.

87)　Joseph Bosco, "Taiwan's President Tsai should be invited to address Congress," *The Hill*, January 1, 2019 〈https://thehill.com/opinion/international/425769-taiwanspresident-tsai-should-be-invited-to-address-congress〉.

88） 同弁事処に関連するほかの動きとしては，李光章処長（事実上の在ニューヨーク台湾総領事）が2020年9月に，アメリカのクラフト国連大使と会食している．李光章処長は，台湾外交部における屈指のアメリカ専門家で，筆者との初めての対面も，ワシントンD. C. においてだった．

89） https://www.us-taiwan.org/events/2020-us-taiwan-defense-industry-conference/.

90） https://news.columbia.edu/news/taiwan-president-tsai-ing-wen.

91） 中華民国総統府「総統接見『美国外交政策全国委員会』訪問団」2019年11月11日〈https://www.president.gov.tw/NEWS/25020〉.

92） Mann, *op. cit.*, p. 325.

93） Calder, *op. cit.*, p. 163.

94） "Sen. Cruz Meets With President Tsai Ing-wen of Taiwan," January 8, 2017〈https://www.cruz.senate.gov/?p=press_release&id=2951〉.

95） "Taiwan president says Latam trip, with U.S. transit, put island on global stage," *Reuters*, January 16, 2017〈https://jp.reuters.com/article/us-taiwan-president/taiwan-president-says-latam-trip-with-u-s-transit-put-island-on-global-stage-idUSKBN14Z0PH〉.

96） Shirley Kan, "Momentum in the U.S.-Taiwan Security Partnership," Global Taiwan Brief, Vol 4. Issue 12, June 19, 2019〈https://globaltaiwan.org/2019/06/momentum-in-the-us-taiwan-security-partnership/〉.

97） 門間理良「データから読み解く米台の緊密度」『外交』第57号，2019年，28ページ．

98） Micah McCartney, "Taiwanese vice president-elect meets with US Speaker Pelosi, national security advisor in Washington," *Taiwan News*, February 6, 2020〈https://www.taiwannews.com.tw/en/news/3872058〉.

99） 松田康博「米中台関係の展開と蔡英文再選」佐藤幸人・小笠原欣幸・松田康博・川上桃子『蔡英文再選──2020年台湾総統選挙と第2期蔡政権の課題──』日本貿易振興機構アジア経済研究所，2020年，68ページ〈https://www.ide.go.jp/library/Japanese/Publish/Reports/Kidou/pdf/2020_taiwan_05.pdf〉.

100） Anna Fifield, Robin Kwong and Kathrin Hille, "US concerned about Taiwan candidate," *Financial Times*, September, 15, 2011〈https://www.ft.com/content/f926fd14-df93-11e0-845a-00144feabdc0〉.

101） "Taiwan hopes for close U.S. cooperation in call with Biden adviser," *Japan Times*, November 15, 2020〈https://www.japantimes.co.jp/news/2020/11/15/asia-pacific/politics-diplomacy-asia-pacific/taiwan-us-call-joe-biden-china/〉.

102） Colin Dwyer, "De Facto U.S. Embassy In Taiwan Dedicates New Complex ―

Over Chinese Objections," *NPR*, June 12, 2018 〈https://www.npr.org/2018/06/12/619197199/de-facto-u-s-embassy-in-taiwan-dedicates-new-complex-over-chinese-objections〉.

103） "US lauds Taiwan ties in dedication of new de-facto embassy," *AP*, June 12, 2018 〈https://apnews.com/article/d56b329bbe444e5198e8eafd0418fc9a〉.

104） Shirley A. Kan, "Taiwan: Major U.S. Arms Sales Since 1990," Congressional Research Service, August 29, 2014, pp. 5-6 〈https://fas.org/sgp/crs/weapons/RL30957.pdf〉.

105） "2020 Report to Congress of the U.S.-China Economic and Security Review Commission," p. 433, December 2020 〈https://www.uscc.gov/sites/default/files/2020-12/2020_Annual_Report_to_Congress.pdf〉.

106） この法律の条文は〈https://www.congress.gov/107/plaws/publ228/PLAW-107publ228.pdf〉を参照せよ.

第3章
アメリカの台湾政策の核心
――台湾への武器売却とレーガン大統領による6つの保証――

はじめに

　本章では，アメリカによる台湾への武器売却を中心的な検討課題とする．台湾関係法に基づいて実施されている武器売却は，アメリカによる台湾へのコミットメントの中核をなしている．公然化する台湾支援の代表例として，アメリカ海軍による台湾海峡航行を取り上げる．さらには，アメリカの台湾政策について，シンクタンクの観点からも，検討する．

1　アメリカによる台湾への武器売却

（1）　台湾への武器売却の根拠
① 台湾関係法

　アメリカによる台湾へのコミットメントの中核をなしているのが，台湾関係法（Taiwan Relations Act, TRA）[1]に基づいて実施されている台湾への武器売却である．台湾関係法第2条b項第5号には，「防御的性格の武器（arms of a defensive character）を台湾に供給することが，合衆国の政策だ」と規定されている．

　トランプ政権期に相次いで立法された法律をみてみると，アジア再保証推進法（2018年12月）が第209条b項で，「大統領は防衛装備品（defense articles）の台湾への移転を定期的に実施しなければならない」として，武器売却について規定している．これに加えて，TAIPEI法（2020年3月）は第2条a項第9号で，

アジア再保証推進法の前掲条文を引用する形で，武器売却に言及している．

　トランプ政権下では，台湾への武器売却を継続する理由も，ホワイトハウスの文書で示された．中国に対する戦略的アプローチでは，北京が大規模に軍備を増強して，米中間のコミュニケの下でのコミットメントを守っていないことから，アメリカは台湾による自衛能力の維持を援助せざるをえないとした．台湾への武器売却が継続している因果関係について，中国側に非があるというアメリカ側の認識をクリアにしたといえよう．

② 安全保障パートナーとしての台湾

　安全保障パートナーとしての台湾は，事実上の「主要な非NATO同盟国（Major Non-NATO Ally, MNNA）」として，取り扱われている．主要な非NATO同盟国とは，1961年に制定された対外支援法（Foreign Assistant Act）[2]に基づく地位であり，軍事面でのアメリカとの緊密な協力関係を象徴的に示していると考えられている．インド太平洋地域では日本，オーストラリア，韓国，タイ，フィリピン，ニュージーランドが指定されている．トランプ政権期の2019年には，ブラジルが新たに指定された．

　台湾については，2003会計年度対外関係授権法第1206条によって，主要な非NATO同盟国に指定されているかのように扱うべきだとされている．なお同法についての大統領声明の中でブッシュ・ジュニア政権は，同条の関連箇所で[3]「一つの中国」政策に変化はないとし，議会の動きを外交に関する大統領権限への容喙だと牽制した．

　トランプ政権期にはシュライバー国防次官補が，ヘリテージ財団での演説で，台湾を通常の安全保障パートナー（normal security systems partner）として扱う可能性に言及した．[4]

（2）　歴代政権による売却決定との比較

　トランプ政権下での台湾への武器売却については，2017年6月に約14億2000万ドルに達する売却が初めて決定されたが，アメリカによる売却決定はオバマ政権下の2015年12月以来だった．政権が発足してから，初めての売却が決定さ

れるまでは，5か月だった．歴代政権による初めての売却決定と比較してみると，クリントン政権は93年6月で発足から約5か月後，ブッシュ・ジュニア政権は2001年7月で発足から約半年後，オバマ政権は2010年1月で約1年後であり，トランプ政権が初の売却決定までに要した時間は，クリントン政権以降では平均的な長さだった．

初めての売却決定以降，売却が着実に決定されていった．オバマ政権の2期8年間と比較してみると，トランプ政権は1期4年にして，売却決定の回数と総額の双方でオバマ政権の実績を上回った．売却決定の回数は，オバマ政権下では3回だったのに対して，トランプ政権下では11回に上った．まれにまとめて（infrequent, "bundled"）実施された過去の例とは異なり，トランプ政権下では売却が頻繁に決定されたとの評価には，データの裏付けがある[5]．

オバマ政権期には，売却決定のタイミングが，後ろ倒しとなった事例もみられた．2014年12月には2013年海軍艦艇移転法（Naval Vessel Transfer Act of 2013）[6]がすでに成立しており，第102条b項によって，オリバー・ハザード・ペリー（Oliver Hazard Perry）級フリゲート4隻の売却権限が，大統領に付与されていた．しかし，オバマ政権がペリー級フリゲート2隻の売却を決定したのは，2015年12月であった．売却決定の前週には下院外交委員会で，売却への所要時間（time frame）を議会に提出するよう大統領に命じる規定を盛り込んだ台湾海軍支援法案（Taiwan Naval Support Act）が，全会一致で可決され，オバマ大統領への圧力が高まっていた．

また売却決定の時間的間隔にも，異変がみられた．2015年12月の売却決定は，前回2011年9月の売却決定からは4年以上が経過していた．1990年以降では，2006年と2009年を除いて売却が毎年決定されていたことからすれば，オバマ政権下で生じた売却決定の空白期間は，異例の長さだったといえるだろう．オバマ政権期には，台湾への武器売却が台湾問題における悪循環（vicious circle）を引き起こしているとして，見直しを求める論考が出されたこともあった[7]．

（3） 売却決定のタイミングと政治的含意

回数や金額といった定量的な指標以外についても検討してみると，トランプ

政権が台湾への武器売却を決定した時期やタイミングにも，政治的含意が込められていたと考えられる．後述する2019年7月のＭ１Ａ２戦車の売却決定は，蔡英文総統によるニューヨークへの立ち寄りの直前というタイミングで公にされた．ニューヨークでの大学講演や外交的活動といった表立った動きを容認したこととセットで考えると，翌2020年の総統選挙に向けて，蔡英文総統を事実上支持するという政治的なメッセージが，トランプ政権から発せられたといえよう．

　2020年5月には，MK-48長魚雷（heavyweight torpedo）18発の売却が決定された．1億8000万ドルという規模を金額ベースで比較してみると，トランプ政権下で実施された11回の中では，きわめて小さい売却決定であった．しかしながら，重要だったのは売却が決定された時機だった．蔡英文政権の2期目がスタートするのにあわせて決定されたというタイミングに意味が込められており，第2次蔡英文政権の門出を祝福する形となった[8]．なお台湾は，潜水艦の自主建造を推進しているが，MK-48長魚雷はそのための装備ではないかという指摘もある[9]．ただし売却決定の対象となったのは，オーストラリアやオランダに引き渡されている最新型のMOD 7よりも古いMOD 6だった．

（4）　トランプ政権による台湾への武器売却

　アメリカから台湾に売却される武器をめぐっては，内容面での充実ぶりも著しい．特にＭ１Ａ２戦車とF-16C／D戦闘機の売却決定は，直近のアメリカの政策が転換されたことを意味していた．重要兵器のプラットフォームが売却対象となったのは，2010年1月に地上配備型迎撃ミサイルPAC-3の売却が，約28億ドルで決定されて以来であり，過去に売却されたプラットフォームの改修やアップデートのみが対象となっていた政策に変更が加えられた[10]．

①Ｍ１Ａ２戦車

　そもそも台湾側にとって陸軍は，空軍，海軍に続く「最後の防衛線（last line of defense）」としての性格を有している[11]．三軍の中では，後述する残存可能性が，最も高いと考えられている[12]．以上を念頭に置いてか，トランプ政権は革新的な

武器売却によって，台湾陸軍の梃入れにも動いた格好である．

2019年7月に売却が決定されたＭ１Ａ２戦車については，蔡英文総統自身が2019年3月のハワイでのトランジット中に，売却への期待を表明するなど，台湾側に強い要望が従来から存在していた．108両の売却が決定されたこの戦車は，アメリカ陸軍においても現役であり，2023年1月にアメリカはウクライナへの供与を発表した．軍事的有用性については，全面侵攻シナリオにおいては，Ｍ１Ａ２戦車は中国の空爆によって被害を受けやすいであろうが，中国の戦闘機や爆撃機がＭ１Ａ２戦車を攻撃するには台湾側に接近せざるをえず，台湾の防空システムに対して脆弱性を示すだろうとの分析がある[13]．

一方で，台湾が戦車の売却決定を求めたことに対して，批判的な意見もアメリカ側には存在する．台湾側が戦車の売却をアメリカに求めたのは，台湾軍内部で軍種間の競争意識（inter-service rivalries）が働いたからだとの見方が，USCC公聴会の場で示された[14]．

なお，アラバマ州のアニストン陸軍補給廠（Anniston Army Depot）と，オハイオ州ライマで生産される予定だ．

② F-16C ／ D戦闘機

アメリカ国防総省が2024年12月に公表した2024年度版「中国の軍事力に関する年次報告書」によれば，台湾海峡両岸の軍事力を比較すると，戦闘機の機体数（いずれも練習機を含まず）では，台湾350機に対して中国800機（台湾に備える東部戦区及び南シナ海に備える南部戦区の合計）となっている．また爆撃機については，台湾が保有していないのに対して中国（同前）は300機となっており[15]，台湾の航空戦力の整備は急務といえよう．同報告書は，中国が周辺地域を越えて地域及び世界での安全保障上の目的を達成するために軍事力を強化していると分析している．

そうした中で，Ｍ１Ａ２戦車の売却決定直後の2019年8月には，F-16C ／ Dブロック70戦闘機66機の売却が決定された．アメリカのロッキード・マーチン（Lockheed Martin）社製で，愛称はFighting Falconである．後述するように，この売却決定にはシュライバー国務次官補が役割を果たしたという．

加えてトランプ政権下では，F-16戦闘機関連で，アリゾナ州に所在するルーク空軍基地（Luke Air Force Base）でのパイロット訓練プログラム及び修繕の売却が，2019年4月に5億ドルで決定されている．ルーク空軍基地での台湾のF-16戦闘機パイロットの訓練は，1997年から始まっている[16]．ただしルーク空軍基地はF-35戦闘機の訓練に移行しており，同じくアリゾナ州内のツーソン（Tucson）国際空港への訓練移設の必要性が取り沙汰されている[17]．なおルーク空軍基地では，航空自衛隊やオーストラリア空軍もF-35の飛行訓練を実施している．

　戦闘機本体の売却が決定されなかった期間も，部品やパイロットの訓練プログラムなどの供与は継続され，能力維持が図られていた．オバマ政権下では2011年に，F-16A／Bのアップグレード・プログラムの売却が決定された．これによってF-16C／Dの80％程度の能力となると見積もられた．

　なお台湾軍は，アメリカの技術協力により設計・開発された国産戦闘機である経国を保有している[18]．また，経国をベースにした高等練習機「勇鷹（Brave Eagle）」を開発中である．

③ 高機動ロケット砲システム（HIMARS）

　2020年10月には，高機動ロケット砲システム（High Mobility Artillery Rocket Systems, HIMARS）11基の売却が決定された．後述するように，アジア再保証推進法第209条（2018年12月成立）や国防総省版インド太平洋戦略報告書（2019年6月公表）では，台湾の防衛力には機動的な能力が必要とされていた．高機動ロケット砲システムの売却決定は，すでに表明されていた連邦議会や連邦政府の問題意識と合致しているといえよう．

　高機動ロケット砲システムは射程が比較的長く，機動的な火力という特徴を備えている．中国側が台湾への着上陸侵攻を仮に実行した場合には，外側から大量の火力によって攻撃が可能である．したがってこの武器売却決定は，着上陸侵攻への台湾の対処能力を高めるものと評価できよう[19]．

　アメリカ海軍とアメリカ海兵隊は，高機動ロケット砲システムに注目している．海兵隊総司令官であるロバート・ネラー（Robert B. Neller）海兵隊大将と海

軍作戦部長であるジョン・リチャードソン海軍大将（John M. Richardson）の共同名義で，『競争環境における沿岸域作戦』（Littoral Operations in a Contested Environment, LOCE）が，2017年に公表された．海軍と海兵隊の一体化の必要性を強調するこの作戦コンセプトにおいて，強化すべき能力が列挙されているが，火力として取り上げられたのが，高機動ロケット砲システムだった[20]．

　アメリカ陸軍も，高機動ロケット砲システムに関心を寄せている．2021年6月には，アメリカ陸軍と陸上自衛隊によって，実動訓練「オリエント・シールド21（Orient Shield 21）」が実施された．矢臼別演習場（北海道）において，アメリカ陸軍の高機動ロケット砲システムが，初めての共同火力戦闘訓練を実施した．高機動ロケット砲システムは，対艦攻撃能力を持つミサイルを発射することも可能であり，我が国周辺海空域における中国，ロシア両国の軍事活動が活発化していることを意識してのこととみられるという指摘がある[21]．高機動ロケット砲システムの実弾射撃と台湾有事への対応とをリンクさせる分析も報道された[22]．

　なおアメリカは2022年6月に，高機動ロケット砲システムをウクライナに供与することを明らかにした．ウクライナ軍はロシア西部クルスク州への越境攻撃で，高機動ロケット砲システムを使用した．

　加えて台湾は，ミサイル防衛能力強化のため，台湾独自の地対空ミサイル天弓3型の陣地増設を進めている．また射程1200kmともいわれる地対地ミサイル雄昇などの長射程巡航ミサイルの開発生産を行っている[23]．雄昇は上海を射程に収める．

　一方で中国側は，2021年4月には強襲揚陸艦「海南」を初めて就役させており，台湾本島への着上陸侵攻能力の向上を着実に図っている．海南島三亜で開催された就役式には，習近平国家主席が自ら出席した．

④ その他の武器売却決定
監視レーダー
　トランプ政権によるその他の売却決定についても考察したい．すでに触れたが，トランプ政権下では2017年6月に決定された約14億2000万ドルに達する武

器売却が，最初の売却決定だった．この売却決定において4億ドルを占めた監視レーダープログラム（Surveillance Radar Program, SRP）については，経空脅威（airborne threat）に対する台湾の早期警戒能力を高める効果が期待された．台湾北西部の新竹県五峰郷に所在する楽山レーダー基地との関連で，監視レーダープログラムの売却決定に注目することもできるだろう．

　標高2620メートルに位置する楽山基地のレーダーは，戦略レーダー PAVE PAWS（Perimeter Acquisition Vehicle Entry Phased-Array Warning System）をもとに，アメリカのレイセオン（Raytheon）社（現在のRTX）によって，14億ドルで建設された．探知距離は5000kmに及び，南シナ海の全域を監視することができ，潜水艦発射弾道ミサイル（Submarine-Launched Ballistic Missile, SLBM）の探知も可能だという[24]．射程1万4000kmに達するSLBMとも指摘される射程延伸型のJL（巨浪）-3及びそれを搭載するための新型潜水艦を中国が配備し，アメリカ本土を射程に収めることになれば，楽山レーダー基地を通じた米台安全保障協力はますます重要になるだろうとの指摘がある[25]．また中国本土から発射されるICBMを捕捉できる可能性もあるかもしれない．

　2015会計年度国防授権法の第1256条[26]において，国防長官が連邦議会に提出すべき報告書の項目に，台湾の早期警戒能力への評価が挙げられている．2020年10月には蔡英文総統が同基地を視察に訪れたが，その際にはアメリカ人の技術アドバイザーが同行したという[27]．

フランスほか

　アメリカ以外の国からの台湾への武器売却については，フランスが売却に踏み切った．1991年9月にラファイエット級フリゲート艦6隻の売却契約が，フランスのトムソンCSFと台湾側との間で交わされた[28]．これらの艦船は台湾海軍において康定級として稼働しているが，搭載されているミサイル妨害システムのアップデートが，新たに売却の対象となった．

　フランス外務省は2020年5月に，パンデミック下ではコロナ対応に集中すべきだとして，中国からの批判をかわした．なお，1992年にもフランスは台湾に対して，ミラージュ（Mirage）2000戦闘機を60機売却するという決定を下している．

また1980年代にはオランダが，潜水艦2隻を売却しているが，現在も海龍級として台湾海軍で就役中である．

⑤ トランプ政権による武器売却の評価

トランプ政権による武器売却を，特に歴代政権との比較において，いかに評価すべきか．画期的であった戦闘機の売却決定から考察する．戦闘機そのものの売却決定は，ブッシュ・シニア政権期の1992年9月にF-16A／B戦闘機150機の売却が決定されて以来のことであり，実に27年ぶりの意思決定であった．

1992年の売却決定には，同年の大統領選挙も関係していた．1992年7月には，F-16を製造するジェネラル・ダイナミクス（General Dynamics）社が，テキサス州フォートワース（Fort Worth）の工場において，労働者5800人を解雇すると突然発表した．ブッシュ大統領が選挙戦のためにテキサス州入りする前日の発表であり，同州選出のロイド・ベンツェン（Lloyd Millard Bentsen）上院議員（民主党）らは，台湾へのF-16売却を拒むブッシュ大統領の中国政策を批判した[29]．また1992年の売却決定に至る過程では，すでに述べた1995年の李登輝訪米時とは異なり，台湾側はロビー活動を議会ではなくペンタゴンに対して集中的に展開した[30]．

しかしその後，台湾への戦闘機売却は長年にわたって実施されなかった．ブッシュ・ジュニア政権は，台湾への戦闘機売却に対して消極的であった[31]．オバマ政権下では，オバマ大統領の中国訪問（2009年11月）以前には，台湾への武器売却そのものが，真剣に検討されることがなかった．2010年に入って，台湾への武器売却についての検討が行われたが，F-16戦闘機の売却には，賛成の声が上がらなかった．台湾や親台派からの要求にもかかわらず，ブッシュ大統領ですら売却に応じなかったことが，念頭にあったという[32]．2011年9月には，レーダー等の装備の更新が認められたが，戦闘機そのものの売却決定については，前進がみられなかった．

以上の分析から，トランプ政権は，過去の政権との比較においても，台湾への武器売却に対して積極的な姿勢を示していたといえる．そこには軍事上の意義というよりも，政治的な意味合いが込められていたとの分析もある[33]．だが戦

闘機の更新が滞り，台湾の航空戦力整備に支障をきたしていたのも事実である．また80億ドルという額は，一度の売却としては過去最高額であり，金額面からみても非常に大規模な売却決定となった．戦闘機にすべての最新の技術や兵器が装備される点が，対中関係への配慮がみられた過去の例との違いであり重要だとの指摘もある[34]．

2　台湾の国防能力に対するアメリカの評価

（1）　連邦法及び連邦政府文書からみるアメリカの評価

　中国の脅威に対抗するため，どういった防衛能力が台湾に必要なのかという点について，アメリカ連邦議会や連邦政府からは，法律や政府文書を通じて考え方が示されている．以下では，連邦法や政府文書における表現内容に，検討を加える．

　連邦議会による立法活動では，アジア再保証推進法（2018年12月成立）第209条において「機動的（mobile）で残存可能（survivable）で費用対効果の高い（cost-effective）能力を必要に応じて含む非対称（asymmetric）能力」と記述された．この表現は，TAIPEI法（2020年3月成立）第2条においても，アジア再保証推進法の条文を引用する形で確認された．

　2019会計年度国防授権法（2018年8月成立）第1258条では非対称戦（asymmetric warfare），2020会計年度国防授権法（2019年12月成立）第1260条では非対称な国防戦略，台湾保証法（2020年12月成立）第313条では非対称能力と記述された．表現に若干の違いはあるが，いずれの法律においても，台湾の国防にとって非対称能力が重要だとの認識が示された．

　過去に制定されたアメリカの国内法との比較を試みるならば，会計年度ごとに立法されている国防授権法において，台湾の国防についての連邦議会の考え方が示されるようになったのは，近年になってからであると指摘できる．台湾関係法においては，第2条で防御的性格の武器を供与すると定められ，第3条では台湾が十分な自衛能力を維持できるようにと規定されている．しかしながら，近年の立法で用いられている非対称を始めとした文言は見当たらない．し

たがって，中国の軍事的脅威が急速に高まっていることを背景としつつ，台湾の国防についてのアメリカ側のより詳細な考え方が，連邦議会から近年になって示されるようになったといえよう．

　一方で，トランプ政権期に連邦政府によって示された文書では，2019年6月に国防総省によって公表された「インド太平洋戦略報告書」において，機動的で残存可能な能力と記述されている．2021年1月に機密指定を解除されて公開された「インド太平洋におけるアメリカの戦略的枠組み」では，台湾の非対称な国防戦略への支援が書き込まれた．使用されている文言からは，議会から近年表明されているのと同様の問題意識を看取することができる．

（2）　非対称能力

　上述した法律上の文言に検討を加えてみると，非対称性という語の使用頻度が非常に高く，アメリカ側が台湾の国防を語るうえで，中核的な位置を占めていると指摘できよう．オブライエン大統領補佐官は，ライオンは一般的にはヤマアラシを食べたがらないという比喩を用いて，[35]台湾にとっての非対称能力の重要性を説いた．台湾にはヤマアラシ戦略（porcupine strategy）が必要だとの指摘は，以前からあった．[36]

　2017年12月に台湾国防部によって公表された国防報告書で示されたのが，全体防衛構想（Overall Defense Concept, ODC，中国語で整体防衛構想）だった．李喜明参謀総長が策定に役割を果たしたこの構想には，革新的で新しいアプローチとの評価がある．[37]李喜明が参謀総長退任後にアメリカのオンライン外交専門誌「ディプロマット（Diplomat）」に寄せた論考では，全体防衛構想では非対称（中国語では不対称）能力が重視されていると説明している．[38]同構想の策定にあたっては，アメリカ側の問題意識が大きな影響を与えたと評価できるだろう．加えて2020年5月に蔡英文総統は，総統2期目の就任演説を台北賓館で行い，国防改革の1点目として非対称戦力の発展の加速を掲げた．

　非対称能力として整備されているのが，ステルスコルベット沱江だ．台湾が自主建造した沱江は，高速，ステルス機能，小型，そして強力な攻撃力という特徴を備えており，海岸近くでは特に探知されにくい．[39]揚陸艦や主力艦艇の打

撃が可能だとされる[40]. 加えて台湾は, 非対称能力の増強の一環として, 攻撃的・防御的な電子戦能力の強化, 迅速な機雷敷設・掃海能力の強化にも取り組んでおり[41], 量産型の沱江級コルベットを2026年までに11隻建造予定である[42].

　台湾側は, 投入可能なリソースにおいて中国側とギャップがあることを認識しているとみられ, こうした認識が非対称戦力の整備へと繋がっていると考えられる[43]. 中台軍事バランスの非対称性については, 兵員, 艦艇, ミサイルの数や質の単純比較だけでは不十分だとして, ① 地政学的条件の差, ② 戦争目的または戦略目標の違い, ③ 核兵器の有無, ④ 兵器体系の違い, ⑤ 非正規戦の可否, ⑥ 規模の優劣という6つの視点が提示されている[44]. 台湾は1991年に名実ともに「大陸反攻」を諦めて軍事戦略を「守勢防衛」に転換し, その後も現在に至るまで維持されている[45].

　しかしながら, 台湾内部には異なる意見も存在し, 非対称を軸とする国防改革は容易ではないとの見方もある. 蔡英文政権は全体防衛構想を全面的に支持しているが, 多くのハイランクの制服組や国防高官は, 賛同していないという. 軍, 国防部における抵抗は, 人間関係の敵意, 官僚の惰性などが原因だという[46].

　より構造的には, 国防の基本的な考え方において不一致がみられる. 全体防衛構想等によって, 非対称が強調されている. その一方で, 従来からのレガシーシステムの追及も継続しており, Ｍ１Ａ２戦車の売却決定はその最たるものだ. 台湾の国防の将来的な方向性は, いわば股裂き状態にある.

（3）　残存可能性

　アジア再保証推進法第209条（2018年12月成立）や国防総省版インド太平洋戦略報告書（2019年6月公表）で必要性が謳われた残存可能な能力については, 地対空ミサイル（surface-to-air missiles, SAMs）が重要だとする指摘がある[47]. 2020年7月には, 地対空誘導弾パトリオットミサイルの更新が売却決定された. 売却額は約6億2000万ドルであった.

　台湾は, 独自開発した地対空ミサイル天弓Ⅱを配備しているほか, 弾道ミサイル対処能力を獲得するために, 地対空ミサイル天弓Ⅲの開発を推進してい

る．加えて，戦闘機の飛び立つ滑走路の運用には抗堪性が必要であり，有事に
際して中国側のミサイルにより破壊された場合には，速やかな復旧が重要とい
えよう．

（4） 国防費

　約20年間ほぼ横ばいで推移している台湾の国防費についても，アメリカ側か
らの発言があった．2020年10月には，デヴィッド・ヘルビー（David Helvey）国
防次官補代行（インド太平洋安全保障問題担当）が，オンラインで開催された第19
回米台国防産業会議の席上で，台湾の国防費について，不十分（insufficient）と
いう厳しい評価を下した．翌々月の2020年12月に成立した台湾保証法では，第
313条において台湾に国防費を増額するように求めた．連邦政府と連邦議会の
双方から，問題意識が示される格好となった．

（5） 海上戦力

　台湾海軍の能力についても，連邦議会から問題意識が示されている．2014年
12月に成立した2015会計年度国防授権法では，第1259条において，台湾海軍の
海上能力（maritime capability）と航海技術（nautical skill）の向上への支援が盛り
込まれた．

　台湾海軍は，米台断交以前の1970年代にアメリカから購入した海獅級潜水艦
2隻，既述のオランダから購入した海龍級潜水艦2隻，フランスから購入した
康定級フリゲート（ラファイエット級），イタリア・フィンカンティエリ社製の測
量艦に加えて，自主建造したステルスコルベット沱江などを保有している．海
獅級は，第二次世界大戦中に建造されながら，未だ現役である．台湾海軍にお
いては，装備の老朽化が大きな課題だといえよう．

　海上戦力に関するアメリカからの武器売却としては，以下のような例がある．
クリントン政権期の1998年1月には，ノックス級フリゲート3隻の売却が3億
ドルで決定され，済陽級として就役している．ブッシュ・ジュニア政権期の
2002年11月には，キッド級駆逐艦4隻の売却が8億7500万ドルで決定され，現
在は基隆級駆逐艦として就役している．2007年9月には，同艦用のSM-2ブロッ

クⅢＡ防空ミサイル144発の売却が，２億7200万ドルで決定された．

オバマ政権期の2010年１月には，オスプレイ級機雷掃討艇２隻の売却が１億500万ドルで決定され，現在は永靖級として就役している．前述したように2015年12月には，ペリー級フリゲート２隻の売却が決定され，成功級として就役している．

以上のようにアメリカの各政権は，台湾海軍への梃入れに取り組んでいる．

（６）　予備役

台湾では1951年に徴兵制が導入されたが，2008年には兵役期間が１年間に短縮され，2018年末には徴兵による入隊が終了した．兵士の専門性を高めることなどを目的として志願制への移行が進められた．４か月間の軍事訓練を受ける義務は残されていたものの，増大する中国の脅威への対応能力をいかに維持するかが課題となっている．こうした中で蔡英文総統は，兵役期間を2024年１月から１年間に延長することを決定した．

台湾軍の予備役についても，アメリカ側からは問題意識が示されている．イアン・イーストン（Ian Easton），マーク・ストークス（Mark Stokes）らが執筆した『台湾の予備戦力の変革（Transformation of Taiwan's Reserve Force）[51]』が，ランド研究所から2017年２月に公表された．この報告書では，台湾侵攻シナリオの初期段階における予備戦力の役割が検討事項として挙げられた[52]一方で，予備役の現行の訓練レベルに対しては不十分（insufficient）との厳しい評価が下された[53]．

2020年５月に蔡英文総統は，総統２期目の就任演説において，国防改革の２点目として予備役の動員制度の改革を掲げた．2020年７月には軍事演習「漢光36号」が実施されたが，実弾演習への予備役の参加によって[54]，改革の成果の一端が示されたといえよう．有事には，陸・海・空軍あわせて約166万人の予備役兵力が，投入可能だと推定されている[55]．2022年１月には，全民防衛動員署が国防部の下に設立され，有事の動員体制の効率化が図られている．

3 公然化する軍事的バックアップと緊密化する米台軍事関係

（1） アメリカ艦船の台湾海峡航行

① アメリカ海軍艦船

アメリカ軍は，国際法が許容するならばいかなる水域，空域も航行，飛行するとしている．その一環として，アメリカ海軍に所属する艦船による台湾海峡の航行は，従来から実施されているオペレーションだった．

ところが2018年7月には，駆逐艦マスティン（Mustin）と駆逐艦ベンフォールド（Benfold）（いずれも横須賀を母港とするアメリカ第7艦隊に所属）が台湾海峡に進入したことが，台湾国防部によってわざわざ公表された．これ以降，アメリカ艦船による台湾海峡航行の公表が常態化している．

台湾海峡航行の回数は，2019年に9回，2020年に13回となっており，おおよそ一か月に一度の実施となっている．2017年に5回，2018年に3回だったこと[56]と比較すると，台湾海峡航行の事実が公表されるようになってから，回数が顕著に増加しているといえよう．ただし，アメリカ艦船による台湾海峡の航行について，その頻度を過度に強調することには，慎重である必要がありそうだ．2007年から2019年4月までに，アメリカ海軍は台湾海峡航行を92回実施したが，航行が増加したのはトランプ政権期ではなくオバマ政権期であったとの指摘が[57]ある．確かに2016年には12回実施されており，2020年に匹敵する数字となっている．

重要なのは，これまで公にされていなかった台湾海峡航行の事実が，わざわざ明らかにされるようになったことだろう．台湾への支援を公然と実施することで，中国を牽制するカードとして利用しようという意図が看取される．従来はローキーで実施されていた台湾支援を公然化することは，本書で指摘しているように，トランプ政権の台湾政策の重要な特徴だったといえるだろう．

台湾海峡航行のタイミングにも，注意が払われている．2020年5月には，駆逐艦マッキャンベル（McCampbell）が台湾海峡を航行した．蔡英文総統の二期目の就任式直前というタイミングで，台湾への支援が公然と示された．

航行する艦種は，駆逐艦に限られない．サン・アントニオ（San Antonio）級ドック型輸送揚陸艦グリーン・ベイ（Green Bay）が，2019年 8 月に台湾海峡を航行している．同艦は佐世保港を母港とするが，台湾海峡航行の前には香港への寄港を拒否されていた．

加えて，アメリカ海軍トップのジョン・リチャードソン（John Richardson）作戦部長は，日本を訪問中の2019年 1 月に，空母による台湾海峡の航行も排除されないという考えを示した．台湾とアメリカの間に国交が存在していた1960年代までは，アメリカ空母部隊による台湾海峡の航行は常時実施されていたが，1969年 7 月のニクソン大統領によるグアムドクトリン公表以降は激減したとされる[58]．

台湾海峡で危機が高まった1996年 3 月にクリントン政権は，「インディペンデンス（Independence）」と「ニミッツ（Nimitz）」という 2 つの空母打撃群を派遣し，中国を牽制している．その後は2007年11月，香港への寄港を拒否された空母「キティホーク（Kitty Hawk）」が，母港である横須賀への帰途に台湾海峡を通過している．

一方で中国側の空母としては，「遼寧」や初の中国産空母で2019年12月に就役した「山東」が，台湾海峡を航行している．2019年 6 月に遼寧は，沖縄本島と宮古島間の水域から太平洋に進出したのちに，南シナ海に入った．これに対してアメリカ海軍のP- 8 A哨戒機（愛称はポセイドンposeidon）は，シンガポールから飛び立って追跡し，台湾海峡を経由して沖縄へと飛行した[59]．

台湾海峡危機に際してのアメリカによる空母派遣が，中国をしてDF-21D（東風）を開発するきっかけになったという[60]．DF-21Dは，通常弾頭の対艦弾道ミサイル（Anti-Ship Ballistic Missile, ASBM）であり，空母キラーとも称される．

② 同盟国海軍

台湾海峡を航行しているのは，アメリカ海軍の艦船だけではない．アメリカ海軍以外にも，アメリカの同盟国の海軍による航行の事例がある．フランス海軍フロレアル級フリゲート艦ヴァンデミエール（Vendémiaire）が2019年 4 月に，カナダ海軍ハリファックス級フリゲート艦レジャイナ（Regina），補給艦アステ

リックス（Asterix）が2019年 6 月に，カナダ海軍ハリファックス級フリゲート
艦オタワ（Ottawa）が2019年 9 月に，イギリス海軍測量艦エンタープライズ
（Enterprise）が2019年12月に，それぞれ台湾海峡を航行している．またオース
トラリア海軍アデレード級フリゲート艦メルボルン（Melbourne）による台湾海
峡航行が，2018年10月に報道されている．

　2019年12月に成立した2020会計年度国防授権法では，第1260条において，[61]
2019年 4 月のフランス海軍艦船による台湾海峡航行を特筆し，国防長官に対し
て同盟国やパートナーにフランスに倣って台湾海峡を航行するように奨励すべ
きとしている．フランス海軍は平均して年に 1 回，台湾海峡を航行していると
いう．[62] 2019年 4 月に習近平国家主席を観閲官として中国山東省青島で開催され
た中国人民解放軍海軍成立70周年記念国際観艦式に，ヴァンデミエールは姿を
みせなかったが，同艦が直前に台湾海峡を航行したことに中国が反発したこと
が原因だったと考えられる．

　その後も，イギリス海軍フリゲート艦リッチモンドが，2021年 9 月に台湾海
峡を航行した．加えてオーストラリア（2023年11月），オランダ（2024年 5 月），ド
イツ（2024年 9 月に22年ぶりに）が，航行している．2024年 9 月には護衛艦さざな
みが，オーストラリア，ニュージーランドの艦艇とともに台湾海峡を航行した．
海上自衛隊による台湾海峡航行は，これが初めてだった．

③ アメリカ沿岸警備隊（USCG）

　加えて，アメリカ沿岸警備隊（US Coast Guard, USCG）も台湾海峡を航行して
いる．2019年 3 月には，レジェンド級カッター・バーソルフ（Bertholf）が，ア
メリカ海軍駆逐艦カーティス・ウィルバー（Curtis Wilbur）に随伴して台湾海峡
を航行した．2020年10月にはオブライエン大統領補佐官が中国による違法な漁
業に言及しながら，西太平洋への沿岸警備隊の配備計画を明らかにしたように，
沿岸警備隊はアメリカの対中国戦略の担い手としてにわかに注目を集めてい
る．なおオブライエン補佐官は，南太平洋に位置するアメリカ領サモアへの沿
岸警備隊の配備の可能性にも触れた．その後も2021年 8 月，2023年 6 月に，沿
岸警備隊は台湾海峡を航行している．

（2） 台湾海峡の中間線を巡る攻防

　中国と台湾の間では，経済分野を中心として，一定の協力メカニズムが整備
されてきた．たとえば，馬英九政権期の2010年6月には，事実上のFTAであ
る海峡両岸経済協力枠組協定（Cross-Straits Economic Cooperation Framework
Agreement, ECFA）が締結された．

　一方で，中国そして習近平国家主席との協調関係を築いた馬英九政権ですら，
対話開始にも至らなかったのが，軍事分野である．潜在的か顕在化しているか
にかかわらず，軍事分野においては，中台間に深刻な矛盾が存在し続けてきた．

　そうした中で，役割を果たしてきたのが，台湾海峡の中間線（medial line）だっ
た．1955年に，台湾に駐留するアメリカ第13空軍のベンジャミン・デイヴィス
（Benjamin O. Davis）司令官によって引かれたこの線は，台湾側の中国側に対す
る航空優勢に支えられて，中国と台湾の間での事実上の停戦ラインとして機能
してきた[63]．中間線をめぐって，明文での合意が存在しているわけではない．軍
事分野における中台間でのいわば黙約として存在してきた．

　ところが2019年3月に，中国空軍J-11（殲）戦闘機2機が中間線を越えて，
台湾側を12分間にわたって飛行した．偶発的な場合を除いて，意図的に中間線
を越えて中国側が飛行したのは，1999年以来であったとみられる．なお1999年
の飛行の背景には，李登輝総統が両岸関係について，特殊な国と国との関係（「二
国論」）に触れたことがあったとの分析がある[64]．10分を超える飛行は完全に意図
的なものと考えられ，台湾海峡の現状を力で変更しようとする試みであったと
いえよう．

　その後は，2020年2月の頼清徳次期副総統によるアメリカ訪問の直後，2020
年8月のエイザー保健福祉長官による台湾訪問の最中に2機が，2020年9月の
クラック国務次官による台湾訪問の最中に18機が，それぞれ台湾海峡の中間線
を越えて飛行した．アメリカと台湾との間での要人往来にタイミングを合わせ
て，中国側が飛行を実施したといえよう．

　中国側には，アメリカと台湾の関係が深化することを牽制する意図があった
ものと思われる．エイザー保健福祉長官による台湾訪問の直後には，東部戦区
が台湾海峡などで演習を実施したと発表した[65]．また中国外交部の汪文斌報道官

は，「いわゆる『台湾海峡の中間線（中文："海峡中線"）』は存在しない」と記者会見で述べた。中国外交部は中間線の存在そのものを否定することで，中間線を無効化しようとする近時の人民解放軍の動きに，歩調を合わせる形となった。

これに対してアメリカ軍は，上述の海軍艦船による台湾海峡の航行に加えて，空軍MC-130特殊作戦機が，2019年8月，同年9月，同年11月，2020年2月に，台湾海峡上空を飛行している。2020年2月には沖縄に所在する在日アメリカ軍嘉手納飛行場から，飛び立ったとみられる。この飛行は，タイミングとしては中国軍機による中間線越えの直後だったが，台湾有事へのアメリカによる介入の可能性を示しているとの分析が，アメリカの専門家から出された。同機の任務は，特殊作戦部隊（special operations forces）の投入にある。2020年2月の飛行には同じタイミングで，B52戦略爆撃機（愛称はストラトフォートレスstratofortress）2機が，台湾東部の空域を飛行した。アメリカ軍から北京に対して，台湾海峡の現状を力で一方的に変更することは許さないというメッセージが発せられている。

（3）　米国防関係者の訪台

① 現役高官

2019年11月には，東アジアを担当するハイノ・クリンク（Heino Klinck）国防次官補代理が，総統選挙を翌々月に控えたタイミングで，台湾を訪れた。台湾旅行法が成立してから，既述のように国務省からは幹部が派遣されていたが，国防総省幹部が台湾を訪問するのは，初めてのことだった。直近の10年あまりの間では，国防総省からの訪台としては，最も高いレベルとなった。

2020年11月には，インド太平洋軍において情報部門のトップを務めるマイケル・スチュードマン（Michael Studeman）海軍少将が，非公表で台湾を訪問した。台湾旅行法第3条では，すべてのレベルのアメリカ政府当局者による台湾への訪問を許可するとされ，対象として具体的に挙げられたうちの1つが，将官級だった。

すでに論じてきたように，トランプ政権下において台湾に対する支援は，公然と実施される傾向にあった。国防分野においても，アメリカ海軍艦船等によ

る台湾海峡航行が，公表されるにようになった．しかしながら，この項で検討
した現役の国防関係高官による台湾への訪問については，引き続きローキーで
実施されたことから，アメリカ側によって最も機微な分野の1つとして考えら
れていたといえよう．

② 退役将官

　現役の国防関係高官による台湾への訪問には依然として困難が伴い，実施さ
れたとしてもローキーで取り扱われたのに対して，退役した将官らによる訪台
は，比較的頻繁に実施されている．

　2017年7月には，海軍トップの海軍作戦部長を務めたジョナサン・グリナー
ト（Jonathan W. Greenert）元海軍大将が訪台し，蔡英文総統と会談した．2018年
8月には，アメリカ太平洋艦隊（U.S. Pacific Fleet）で司令官を務めたスコット・
スウィフト（Scott Swift）元海軍大将が訪台し，蔡英文総統と会談した．

　同月には，欧州連合軍司令官（SACEUR）兼アメリカ欧州軍司令官を務めた
ジェームズ・スタヴリディス（James Stavridis）元海軍大将が訪台し，蔡英文総
統と会談した．2018年9月には，スタヴリディス元大将の後任を務めたフィリッ
プ・ブリードラブ（Philip M. Breedlove）元空軍大将が訪台した．蔡英文総統は，
1か月以内にNATOの最高司令官経験者が2名も訪台したことは，インド太
平洋地域の平和と安定における台湾の役割の重要性を示しているとして，高く
評価した．またブリードラブ元大将に対して蔡英文総統は，かつて台湾空軍の
訓練に協力したことに対して謝意を表した[69]．

　のちに触れるように，漢光演習の視察のためにも，退役将官が台湾を訪れて
いる．

③ 退役軍人団体

　退役軍人の団体も，台湾を訪れている．アメリカ在郷軍人会（American
Legion）からは，2018年12月にブレット・ライスタッド（Brett P. Reistad）全米
司令官（National Commander）とルイス・チェッリ（Louis Celli）事務局長が訪台し，
蔡英文総統と会談した．2019年11月には，ジェームズ・オックスフォード（James

W. Oxford）全米司令官が訪台し，蔡英文総統と会談した．同会は，退役軍人の相互扶助を目的として，1919年に連邦議会によって設立された．アメリカ最大の退役軍人団体であり，本部がインディアナに置かれている．なお日本では，2018年12月のライスタッド司令官の訪問に対して，辻清人外務大臣政務官が面会している．

対外戦争退役軍人会（Veterans of Foreign Wars）からは，2018年5月にキース・ハーマン（Keith Harman）総司令官（Commander-in-Chief）とボブ・ウォレス（Bob Wallace）事務局長が，2019年4月には，ヴィンセント・ローレンス（Vincent "B.J." Lawrence）総司令官が，それぞれ訪台して，蔡英文総統と会談した．同会は1899年に設立されている．

いずれもアメリカ各地に支部を持つ大規模な組織であり，保守的な傾向を有する．退役軍人省（Department of Veterans' Affairs），上院退役軍人問題委員会（Senate Committee on Veterans' Affairs）とともに，「鉄の三角形」とよばれるほどの影響力を誇ってきた[70]．

アメリカ退役軍人会（American Veterans, AMVETS）からは，2018年11月にレジス・ライリー（Regis Riley）全米司令官が訪台し，蔡英文総統と会談した．2019年10月には，女性として初めてトップとなったジャン・ブラウン（Jan Brown）が訪台し，蔡英文総統と会談した．

（4）　台湾軍首脳の訪米

台湾軍の首脳によるアメリカへの訪問も，実施されている．トランプ政権発足直後の2017年3月に，台湾海軍のトップである黄曙光司令が，サウスカロライナ州チャールストンで開催されたペリー級ミサイル・フリゲート2隻の引渡式に出席し，その後ワシントンを訪問した．なお同フリゲートの台湾への売却については，既述の通り，2015年12月にオバマ政権によって決定されていた．

台湾旅行法が成立した翌々月の2018年5月には，ハワイ州ホノルルに所在する真珠湾ヒッカム統合基地（Joint Base Pearl Harbor-Hickam）で，アメリカ太平洋軍（USPACOM）の司令官交代式が開催され，台湾からは制服組トップの李喜明国防部参謀本部参謀総長が出席した．過去には，1997年に羅本立参謀総長

が，1998年に唐飛参謀総長が，2005年5月に李天羽参謀総長が，2007年7月に霍守業参謀総長が，それぞれアメリカを訪問している[72].

　このタイミングでジェームズ・マティス（James Mattis）国防長官は，アメリカ太平洋軍をアメリカインド太平洋軍（USINDOPACOM）へと改名すると発表した．改名が実施されても，36か国をカバーする担任区域（Area of Responsibility, AOR）には変更がなかったことから，アメリカ軍がインド太平洋地域を重視する姿勢を示すことに力点があったものと考えられる．

　なお，李喜明参謀総長のアメリカ訪問に随行した沈一鳴国防部副部長は，参謀総長に昇格したのちの2020年1月に，新北市烏来区で発生した空軍ヘリコプター UH-60M（黒鷹，ブラックホーク）墜落事故で殉職した．同氏を失ったことで，アメリカと台湾の間での軍事的なチャンネルは，一定の打撃を受けたという[73].

　一方で，台湾国防部長によるアメリカへの訪問は，トランプ政権期には実現しなかったものの，過去にはいずれもブッシュ・ジュニア政権期に実施された以下の例がある．2002年3月に湯曜明国防部長が，フロリダ州セント・ピーターズバーグ（St. Petersburg）を訪問した．同地で開催された第1回米台国防産業会議（英語：U.S.-Taiwan Defense Industry Conference，中国語：美台国防工業会議）に出席するためのアメリカ訪問で，ポール・ウォルフォウィッツ（Paul Wolfowitz）国防副長官と非公式に面会した．2008年9月には陳肇敏国防部長が訪米し，フロリダ州アメリア島（Amelia Island）で開催された第7回米台国防産業会議に出席している．国防部長による訪米の前例が，いずれも米台国防産業会議への出席を通じて実施されていることから，この会議が米台軍事関係の重要なプラットフォームとなっていることが理解できる．

　なお1997年から台湾は，国防アタッシェをアメリカに派遣している[74].2022年3月には，駐米軍事代表団（R.O.C. Defense Mission to the U.S.A, 駐美軍事代表団）のオフィスが改装された．2024年時点では，魏中興海軍少将が団長を務めている．

（5） 軍事関連の米台対話

① 軍事関連対話の枠組み

　トランプ政権最終盤の2021年1月には，米台政軍対話がオンライン形式で開催された．アメリカ側からは国務省政軍局（Bureau of Political-Military Affairs）で国防総省との調整を担当するクラーク・クーパー（Clarke Cooper）次官補が出席した．直後にクーパー次官補は，蕭美琴駐アメリカ代表と会談している．これらの動きによって，アメリカ大統領選挙の結果にかかわらず，アメリカと台湾の間での軍事関係は緊密であることが示された．国務省から事前に公表された上で同対話が開催されたことは，台湾支援の公然化が，トランプ政権の最後まで継続したことを示している．

　従来から米台間には，モントレー対話（中国語：蒙特瑞会談，英語：Monterey Talks）という軍事対話の枠組みがある．2017年8月にはハワイで開催されて，アメリカ側からはポッティンジャー国家安全保障会議アジア上級部長，ヘルビー国防次官補代行，ハリー・ハリス（Harry Harris）太平洋軍司令官，台湾側からは蒲澤華国防副部長，陳文政国家安全会議副秘書長らが参加した．そもそもモントレー対話は1997年に初めて開かれ，2014年まではカリフォルニア州モントレーで開催されたことから，この名がある．2015年には国防総省で開催された．

　これらのほかにも，対話の枠組みが存在している．国防再検討対話（中国語：国防検討会談，英語：Defense Review Talks）は，国防総省と台湾国防部の間で開催される対話で，2001年に開始された．安全保障協力対話（Security Cooperation Talks）や将官級ステアリンググループ（中国語：高階軍官指導委員会，英語：General Officer Steering Group, GOSG）という枠組みが存在し，それぞれ年に2回開催されている．各軍種間では，陸軍間では陸威，海軍間では碧海，空軍間では藍天という対話が実施されている．

　これらの米台対話は，モントレー対話は政策を，国防再検討対話は戦略を扱い，毎年開催される[75]など，一定程度の制度化の進展が認められる．

　なお，2016年12月にオバマ大統領の署名によって成立した2017会計年度国防授権法[76]では，米台間の軍事交流に関する議会のコンセンサスと題する第1284条

が設けられた．交流の焦点については，① 脅威分析（threat analysis），② 軍事ドクトリン（military doctrine），③ 兵力計画（force planning），④ 兵站支援（logistical support），⑤ 情報収集・分析（intelligence collection and analysis），⑥ 運用戦術・運用技術・運用手順（operational tactics, techniques, and procedures），⑦ 人道救援・災害救援（humanitarian assistance and disaster relief）が含まれるべきだとされた．

同条における定義として，軍における高級将校（senior military officer）については，現役の将官（general or flag officer on active duty），国防総省における上級職員（senior official）については，次官補レベルおよびそれ以上の文官（civilian official）と規定された．ちなみに，前年の2016会計年度国防授権法には，同様の条文は存在していない．

② アメリカ軍関連の研究教育機関との交流

ワシントンD. C. 所在の国防大学（National Defense University）への派遣が実施されている．加えて，ハワイ州ホノルルに所在し，インド太平洋軍を研究教育面でサポートするダニエル・K. イノウエ記念アジア太平洋安全保障研究センター（Daniel K. Inouye Asia-Pacific Center for Security Studies, DKI APCSS）には，2002年夏にフェローが初めて派遣された[77]．コロラド州コロラドスプリングス所在の空軍士官学校（Air Force Academy）にも，台湾からの派遣が実施されている．2019年5月には，卒業式に出席したトランプ大統領の背後に，中華民国旗である青天白日満地紅旗が掲げられた写真が，ホワイトハウスの公式インスタグラムに投稿された[78]．

（6） アメリカ船舶による台湾への寄港

① アメリカ軍艦船

アメリカ軍艦船による台湾への寄港も，アメリカ側が手にしているオプションの1つであるといえよう．2017年12月12日には，2018会計年度国防授権法（National Defense Authorization Act for Fiscal Year 2018）[79]が，トランプ大統領の署名によって成立した．同法第1259条b項第7号において，アメリカ海軍と台湾海軍による相互の寄港について，再開することの適否（advisability）と実現可能性

（feasibility）を考慮すべきであると規定された．

　法律の条文では，直接的な表現が避けられたにもかかわらず，中国側の反応は，過剰ともいえるものだった．この法案が，連邦議会を通過して大統領に送付されたタイミングで，在アメリカ中国大使館の李克新次席公使は，2005年制定の反国家分裂法（Anti-Secession Law，中国語で反分裂国家法）に言及しつつ，アメリカ軍艦船が高雄に寄港すれば，人民解放軍は武力統一に踏み切ると述べた．法律の条文には，具体的な港の名前の記載がなかったにもかかわらず，高雄という地名をわざわざ挙げたのは，高雄のすぐ北側に，台湾最大の軍港である左営基地が位置していることを意識してのことだろう．李克新公使による発言の翌週，トランプ大統領はこの法案に署名した．中国側の恫喝は空振りに終わったといえよう．

② 調査船，病院船

　アメリカの船舶による台湾への寄港が，実現した例もある．これまでに，アメリカ海軍に所属する調査船が，2018年10月には高雄に，2019年8月には台湾北部の基隆に，それぞれ寄港している．台湾に寄港した2隻ともに，所属は海軍研究局（Office of Naval Research）である．しかしながら，運営にあたっているのは大学であり，2018会計年度国防授権法の趣旨に添った寄港ではあったが，[80]インパクトは限定的であったといえよう．

　病院船による台湾への寄港も，検討事項となっている．パシフィック・パートナーシップ（Pacific Partnership）の一環として，台湾への病院船による寄港の検討が，2019会計年度国防授権法に盛り込まれている（第1258条第7項）．なお[81]病院船については，パンデミック下の2020年3月に，マーシー（Mercy）級コンフォート（Comfort）が，医療支援のためにニューヨークに派遣された．

③ 太平島

　南シナ海に位置し，台湾によって実効支配されている太平島（Itu Aba Island，イツアバ島）への寄港についても，台湾側から言及があった．厳徳発国防部長が，2018年11月に立法院外交国防委員会において，人道救援が理由であればという

留保を付しながら，可能性に言及したのである．

太平島は南沙諸島において，台湾が占拠する唯一の地形である．南シナ海の自然地形の中では，最大の面積を誇っており，[82] 1200メートル級滑走路を備えている．2016年7月12日には，南シナ海に関する比中仲裁判断が発出されて，太平島は「島」の要件を満たしておらず，国際法上は「岩」であり，排他的経済水域や大陸棚を生じさせるものではないとの判断が示された．太平島を実行支配する台湾にとっては，厳しい内容の仲裁判断だったといえよう．

台湾は太平島において，1956年から実効支配を維持しているが，近年では実効支配強化の動きをみせている．2015年10月には，高さ12.7メートルの灯台を完成させ，同年12月には，3000トン級の艦船が停泊可能な深水埠頭を完成させている．[83] 台湾空軍からは，C-130輸送機（愛称はヘラクレスHercules）の太平島への運航が，確認されている．[84]

2008年2月には陳水扁総統が，台湾総統として初めて，太平島に上陸した．2016年1月には，退任を前にした馬英九総統が，太平島を訪問した．この訪問に対しては，ベトナムが「深刻な主権侵害」であるとして台湾に抗議したのに加えて，アメリカ政府が失望を表明した．[85] 一方で蔡英文総統は，太平島への訪問を実施しなかった．

（7）　軍事演習を通じた米台協力とその可能性

① アメリカ主催軍事演習への台湾参加の可能性

2015会計年度国防授権法（2014年12月成立）では，第1259条a項において，環太平洋合同演習「リムパック（Rim of the Pacific, RIMPAC）」，パシフィック・パートナーシップ，パシフィック・エンジェル（Pacific Angel）といった多国間演習のうちで，人道救援および災害救援部分（humanitarian assistance and disaster relief portions）への参加が書き込まれた．ただし，機会が与えられるべき対象として，中華人民共和国と台湾が並列されていたことは，米中対立が激化する以前の状況を反映するものとして，注目に値するだろう．

2年に一度の頻度で開催されている環太平洋合同演習は，世界で最大規模の海軍合同演習である．1971年に第1回が開催され，日本は1980年に海上自衛隊

が初めて参加して以来，毎回参加している．国際的に重要なこの演習に，中国は2014年と2016年に招待されたが，2018年には南シナ海問題を理由に排除されている．

パシフィック・パートナーシップは，スマトラ島沖大地震（2004年12月発生，マグニチュード9.0）に対して実施された統合援助作戦（Operation Unified Assistance）がきっかけとなり，2007年から開始された．アメリカ太平洋艦隊が中心となって実施されている．なお日本からも，海上自衛隊などが毎年参加している．

2021年8月には，パシフィック・パートナーシップ2021の一環として，パラオで開催されたワークショップに，台湾の防災の専門家が招待された．このワークショップは，アメリカ太平洋艦隊とインド太平洋軍の直属機関（direct reporting unit）である防災人道救援センター（Center for Excellence in Disaster Management and Humanitarian Assistance, CFE-DM）によって共同で開催され，スランゲル・ウィップス（Surangel S. Whipps）パラオ大統領による開会の挨拶で始まった．

パシフィック・エンジェは，2007年から実施されており，太平洋空軍（Pacific Air Forces）が主体となっている．

2018会計年度国防授権法では第1259条において，レッド・フラッグ（Red Flag）といった軍事演習に，台湾軍を招待すべきだというのが議会の意思だとされた．レッド・フラッグは，アラスカ州アイルソン（Eileson）空軍基地やネバダ州ネリス（Nellis）空軍基地で実施されている．同条では他に，西太平洋における台湾海軍との演習の実施も盛り込まれた．

ほかにもUSCCは複数の年次報告書において，台湾が未だに招待されていない演習として，環太平洋合同演習，レッド・フラッグとともに，サイバーストーム（Cyber Storm）を挙げた[86]．サイバーストームは2006年に開始されたサイバーセキュリティ演習であり，日本は2010年に初めて参加した．台湾側からは馬英九政権期の2015年3月に，張善政行政院副院長が参加希望を表明した．

以上のように連邦議会からは法律や報告書を通じて，多国間演習への台湾の参加を求める声がたびたび上がっているが，現時点ではそのほとんどが実現には至っていない．ただし2024年4月には，アメリカと台湾の海軍が西太平洋で

予期せずに遭遇し，合同演習を実施したと報道された．

②「漢光」演習へのアメリカ視察団の派遣

台湾軍による「漢光」演習は，台湾最大規模の軍事演習として近年では毎年実施されており，1984年から開催されている．漢光演習へのアメリカからの視察団を率いるトップには，現役ではなく退役したアメリカ軍の将官が派遣されている．

たとえば，トランプ政権期の2019年4月に開催された漢光35号には，太平洋軍司令官を務めたサミュエル・ロックリア（Samuel J. Locklear, Ⅲ）元海軍大将が派遣され，厳徳発国防部長と会談したと報道された[87]．ロックリア元司令官は2017年6月にも，全米アジア研究所（National Bureau of Asian Research, NBR）（1989年にワシントン州シアトルに設立）から派遣された台湾訪問団のトップとして台北を訪れ，蔡英文総統と会談する[88]など，米台軍事関係において積極的な役割を果たしているが，2015年に退役している．

また2003年に実施された漢光19号と2008年に実施された漢光24号には，太平洋軍司令官を務めたデニス・ブレア（Dennis Blair）元海軍大将が派遣されたが，こちらもすでに退役していた．2009年に実施された漢光25号には，大西洋艦隊司令官を務めたロバート・ナッター（Robert J. Natter）元海軍大将が派遣された[89]．なおアメリカ側による漢光の視察は，2001年実施の17号演習から実施されている[90]．

退役した将官による視察は，指揮所演習にも及んでいる．漢光演習の一環として実施される「コンピュータ補助指揮所（中国語：漢光電脳輔助指揮所）」演習について，エドワード・ライス（Edward A. Rice Jr.）元空軍大将が，2016年から3年連続でオブザーバーとして視察した．エドワード元大将は，在日アメリカ軍司令官や航空教育訓練軍団（Air Education and Training Command）司令官を務め，2019年6月には蔡英文総統と会談した．

台湾国交国の首脳も，軍事演習の視察を実施している．2018年10月に台湾桃園市で実施された軍事演習には，南アメリカ唯一の台湾国交国であるパラグアイのマリオ・アブド・ベニテス（Mario ABDO BENITES）大統領が招待され，蔡

英文総統とともに視察した．同大統領は，就任後の初めての外遊先として台湾を訪問し，10月10日の国慶節の式典に出席した．

（8）　台湾有事と日米安全保障条約

　実際に台湾有事が生起した場合に，日本がどのような対応を迫られるかについても考えておきたい．アメリカが戦略的曖昧性を依然として維持する中で，ジェフリー・ホーナン（Jeffrey W. Hornung）ランド研究所研究員は，台湾の正式な同盟国ではない日本が，無条件に軍事的にコミットするのには無理があるとして，日本の立場への理解を示している[91]．こうしたことからも台湾有事が発生した場合には，在日アメリカ軍基地の使用に日本政府が同意するのかが，まずは最大の問題となろう．

　ここで鍵となるのが，1960年新日米安全保障条約署名のタイミングで，岸信介総理とクリスチャン・ハーター（Christian A. Herter）国務長官の間で交わされた書簡だ．「条約第6条の実施に関する交換公文」（いわゆる「岸・ハーター交換公文」）は，日本政府との事前協議をアメリカ政府に義務付ける場合として，日本から行われる戦闘作戦行動（条約第5条に基づくものを除く）のための基地としての施設・区域の使用を挙げている[92]．政府統一見解によれば戦闘作戦行動とは，直接戦闘に従事することを目的とした軍事行動を指す[93]．

　日本政府は他に事前協議が行われる場合として，装備における重要な変更を挙げている．その例としては，中長距離ミサイルの持ち込みがあるとする．中国は，日本や第二列島線上のグアムを射程に収める中距離弾道ミサイルを保有している．これに対してアメリカは，トランプ政権下で失効するまで中距離核戦略全廃条約の締約国として，保有を制限されていた．台湾正面には短距離弾道ミサイルが大量配備されていることもあり，第一列島線上へのミサイル部隊配備が検討されている．対中抑止の劣化への懸念が高まっており，抑止力を再建することが台湾海峡危機を回避する上で何より重要となろう．

　一般的にはあまり認識されていないが，台湾海峡における抑止力の維持において，日本はすでに役割を果たしている．既述のようにアメリカ海軍艦船は，台湾海峡を定期的に航行しているが，多くは第7艦隊所属で横須賀を母港とし

ている．2020年6月にアメリカ海軍C-40A輸送機（愛称はクリッパー(Clipper)）が，台湾西海岸の領空を飛行した．アメリカ軍機による台湾領空の飛行はきわめて異例だったが，同機は嘉手納飛行場から飛び立っている．同じタイミングで中国側からは，Su-30戦闘機が台湾の防空識別圏に侵入した．

2009年8月には，台風8号という自然災害の救援のためではあるが，沖縄からKC130空中給油機2機，佐世保からドック型輸送揚陸艦デンヴァー（Denver）と海兵隊ヘリコプターMH-53・2機，MH-60・2機が台湾に派遣されている．[94]

米台断交に伴って1979年に在台湾アメリカ軍は撤退し，台湾における拠点をアメリカ軍は有していない．したがって，上述のような一連の活動には，台湾に近接する在日アメリカ軍基地の存在が不可欠である．日本からアメリカへの基地提供について定めた日米安全保障条約第6条は，日本防衛だけではなく，台湾海峡を含むインド太平洋地域の安定にとって重要な役割を果たしているといえる．日米同盟の公共財としての役割は，台湾海峡にも及んでいる．

なお，通常の補給・移動・偵察など，直接戦闘に従事することを目的としない軍事行動のための基地使用は，事前協議の対象とならないというのが日本政府の統一見解である．

4　台湾と国交国の関係およびアメリカの反応

（1）　台湾国交国をめぐる歴史的な推移

北京政府と台北政府のいずれもが，世界各国に対して二重承認を許容しないという外交原則が，現在に至るまで存在している．したがって世界各国は，北京政府もしくは台北政府のどちらか一方としか，正式な国交を樹立することができないでいる．日本やアメリカも例外ではなく，日本は1972年9月29日に，アメリカは1979年1月1日に，中華人民共和国を国家承認して北京政府と国交を樹立したが，これと同時に台北政府との間では正式な国交を断絶している．北京政府と台北政府は，正式な国交を有する国を奪い合うという国交国の争奪戦を，歴史的に展開してきた．

北京政府と良好な関係を築いていた馬英九国民党政権（2008年5月から2016年

５月まで）の下では，外交休戦（中国語では外交休兵，英語ではdiplomatic truce）と称されて，台湾との正式な国交が断絶する動きが，一時的に休止していた．

　蔡英文総統が当選し，彼女が率いる民進党政権が発足して以降，アメリカと台湾の関係が深化を遂げていったのとは対照的に，中華人民共和国ではなく中華民国を国家として承認する国家，すなわち台湾と正式な国交を有する台湾の国交国は，減少の一途を辿っていった．台湾から国交国を奪取することを，台湾に圧力を加えるためのカードとして，北京政府が再び利用し始めたのだった．

　台湾と正式な国交を有する国は，蔡英文が総統に当選した時点では，世界全体で22か国が存在していた．しかしながら，トランプ大統領の退任時点では，すべてを合計すると15か国となっていた．地域別でみてみると，大洋州地域には４か国（パラオ共和国，マーシャル諸島共和国[95]，ナウル共和国[96]，ツバル[97]）[98]，アフリカには１か国（エスワティニ王国（旧国名であるスワジランド王国から改名））[99]，ヨーロッパには１か国（バチカン）[100]，中央アメリカには４か国（グアテマラ共和国，ホンジュラス共和国[101]，ニカラグア共和国[102]，ベリーズ[103]），カリブ海地域には４か国（ハイチ共和国[104]，セントクリストファー・ネービス[105]，セントルシア[106]，セントビンセント及びグレナディーン諸島[107]），南アメリカには１か国（パラグアイ[108]）が所在していた．なおバイデン政権発足後には，2021年12月にニカラグアと，2023年３月にホンジュラスと，2024年１月にナウルとの国交が断絶し，12か国となっている．

（２）　ラテンアメリカの台湾国交国をめぐる動き

　アメリカの裏庭（backyard）とも目されているラテンアメリカでの北京の動きに，アメリカは神経をとがらせている．パナマ共和国が2017年６月に，ドミニカ共和国（ドミニカ国とは別の国家）が2018年４月に，エルサルバドル共和国が2018年８月に，ニカラグアが2021年12月に，ホンジュラスが2023年３月に，台湾との国交を相次いで断絶した．

　とりわけパナマは，パナマ運河が所在する要衝に位置するが，台湾との断交の翌2018年12月には，習近平国家主席がパナマを訪問している．中華民国にとってパナマは，国交を長年維持していただけでなく，2003年８月に最初のFTAを締結したパートナーでもあった．なおトランプは2024年12月に，パナマ運河

の返還に言及した．中国の影響力伸長への警戒感があるものとみられる．

　中米・カリブ海地域で発生した一連の動きを受けてホワイトハウスは，エルサルバドルによる台湾との断交後に，深刻な懸念（grave concern）を表明し，エルサルバドルとの関係を見直す可能性に触れた．[109] 国務省は，パナマ，ドミニカ共和国，エルサルバドル３か国に駐箚する大使あるいは臨時代理大使（Charge d' Affaires）を本国に戻して，台湾への国家承認を撤回するという決定について協議するとし，アメリカとしての不快感を表した（2018年９月）．[110]

　またラテンアメリカの台湾国交国であるセントルシアにおいて，インフラや経済発展分野の投資環境を調査するため，アメリカ政府と台湾政府の職員から構成される合同調査団が，2019年11月に派遣された．[111] これまでにセントルシアは，台湾との国交を1997年９月に断絶して北京政府との国交を樹立したが，2007年４月には中国との国交を断絶して台湾との国交を再び樹立している．以上の経緯もあり，セントルシアとの関係を台湾が維持するために，経済的な梃入れが必要であるとの判断が，アメリカ側にはあったものと考えられる．

（3）　大洋州地域の台湾国交国をめぐる動き

　大洋州地域では，台湾との国交が断絶するのではと懸念されていたソロモン諸島において，動きがみられた．ポッティンジャー国家安全保障会議（NSC）アジア上級部長が同国に派遣されたが，アメリカ政府の高官によるソロモン諸島への訪問は，異例ともいえる対応だった（2019年３月）．ポッティンジャー部長による訪問と同じタイミングで，台北からも徐斯儉台湾外交部政務次長（外務副大臣に相当）がソロモン諸島に派遣された．米台両政府高官の同時派遣によって，アメリカと台湾との間での緊密な連携が，第三国において示される格好となった．

　筆者は，台湾大学での在外研究中の2020年１月に，徐斯儉政務次長と台湾外交部で会談した．徐次長は蔡英文政権において，アメリカとの関係発展に対して楽観的な見通しを持っている高官の代表格といえる．同氏は第二次蔡英文政権の発足後に，国家安全会議（NSC）のナンバー２である副秘書長となり，総統府に転じた．NSCアジア上級部長から大統領次席補佐官（国家安全保障担当）

に昇格したポッティンジャーとの関係が，台湾総統府とホワイトハウスのパイプとして機能し，アメリカと台湾の連携に厚みが加わったものと推測される．

以上のようにアメリカと台湾は，ソロモン諸島による台湾との国交断絶を阻止するために協力していたが，ソロモン諸島は2019年9月に断交を決定した．この決定を受けてペンス副大統領は，ソロモン首相との会談を拒否し，アメリカとしての不満を表明した．

大洋州地域において台湾が国交国を喪失することついては，既述の通り，以前は主に中国と台湾による国交国の争奪戦という中台関係の文脈で理解されてきた．しかしながら，中国による海洋への進出が活発となり，いわゆる第二列島線（小笠原諸島〜グアム，サイパン〜ニューギニア島）に加えて，一部では第三列島線（ハワイ〜サモア〜ニュージーランド）も地政学上の焦点として浮上する中で，大洋州地域が米中対立の新たな場として注目されている[112]．

2019年10月には，太平洋対話（Pacific Islands Dialogue）第1回会合が台北で開催された．同対話の立ち上げは，重要性の高まる大洋州地域について，米台連携を深めようとする問題意識の表れだったといえよう．アメリカ側からは，サンドラ・オードカーク（Sandra Oudkirk）国務次官補代理（オーストラリア・ニュージーランド・太平洋島嶼国担当）が出席した．のちにオードカークは，バイデン政権下で2021年7月から2024年7月まで，アメリカ在台協会台北事務所所長を務めた．

大洋州地域に所在するパラオ，マーシャル諸島，ミクロネシア連邦という3か国の共通点は，アメリカとの間でそれぞれ，自由連合盟約であるコンパクト（Compact of Free Association, COFA）が結ばれていることだ．これらの国々の国防と安全保障の権限は，アメリカに委ねられている．加えてアメリカから財政支援を受けており，マーシャルでは歳入に占める割合が約6割に達している．また各国の国民は，アメリカ軍に加わることも可能である．

2019年5月にトランプ大統領は，コンパクト3か国の大統領と会談した．アメリカ大統領が3か国の首脳をホワイトハウスに同時に招待するのはこれが初めてであり，連携強化に向けた意欲の表れだったといえよう．2020年8月にはマーク・エスパー（Mark T. Esper）が，アメリカの国防長官として初めてパラ

オを訪問し，パラオ大統領が基地建設を要請した．ただしコンパクト 3 か国のうち，ミクロネシア連邦のみが台湾ではなく中国と国交を有しており，やや異なった外交政策を採用している[113]．

　なお台湾は2020年 7 月に，駐グアム台北経済文化弁事処を再び設置すると発表した．2017年に運営が一時停止されていたが，西太平洋地域との関係強化を目指して，再開が決定された．これによってアメリカ国内に所在する台湾の代表処（事実上の大使館）や弁事処（事実上の総領事館）は，13か所となる[114]．2017年10月，2018年 7 月には，グアム準州のエディ・カルボ（Eddie Calvo）知事（共和党）が台湾を訪問して，蔡英文総統と会談した．

（4）　台湾国交国の減少に対するアメリカ連邦議会と蔡英文政権の反応

　台湾と正式な国交を有する国の数が減少していることについては，アメリカ連邦議会からも立法という形で，問題意識が示されている．上述のTAIPEI法は第 2 条 a 項第 5 号で，蔡英文総統が当選してから台湾と国交を断絶した国家の名前を，ひとつひとつ列挙している．そのうえで既述のように，アメリカと当該国との関係を，当該国と台湾との関係によって選別するという姿勢を示した．

　蔡英文政権下で台湾と国交を断絶した国は，地域別にみると，大洋州地域では 3 か国（ソロモン（2019年 9 月），キリバス共和国（2019年 9 月），ナウル（2024年 1 月）），アフリカでは 2 か国（サントメ・プリンシペ民主共和国（2016年12月），ブルキナファソ（2018年 5 月）），中米カリブ海地域では 5 か国（パナマ（2017年 6 月），ドミニカ共和国（2018年 4 月），エルサルバドル（2018年 8 月），ニカラグア（2021年12月），ホンジュラス（2023年 3 月））で，合計10か国である．

　国交の維持や断絶に，金銭的な要求や見返りが持ち出される事態も頻発している．1997年から台湾と国交を維持していたサントメ・プリンシペからは，国交断絶前に台湾側に対して，2 億ドルに上る経済援助の要請があり，また，ドミニカ共和国に対しては中国側から，31億ドルの投資計画が示されたという．既述のようにペンス副大統領は，ウィルソン・センター演説で小切手外交を批判している．

アフリカのガンビアは，2013年11月に台湾と国交を断絶していた．一方で中国は，外交休戦中だった馬英九政権への配慮を示すためもあってか，ガンビアとの国交樹立を手控えていた．だが蔡英文総統が当選した直後の2016年3月に，台湾への配慮の必要性を失った中国は，ガンビアとの国交樹立に踏み切った．

国交国の減少に対して蔡英文政権は，国交国争奪戦という土俵に上がり中国に積極的に応戦するというスタイルを採らなかった．中台両岸の経済規模の差が拡大し続け，小切手外交に投入できるリソースに大きな開きが存在していることが，背景にはあるだろう．加えて，政治体制の違いも見逃せない．民主主義国家においては，財政支出に対する合理的説明が，より厳しく求められる．同じ民進党政権でも，陳水扁政権は国交国を増加させようと積極的に動いたが，大きな成果は上がらなかった．各地でトラブルを引き起こす「烽火外交」との批判が国民党から上がったどころか，最重要の対米関係が冷却化してしまったことも，念頭にあっただろう．

そもそも，国交国の総数を問題にすること自体への疑問も生まれつつある．USCC2018年版年次報告書では，国交国との関係は象徴的には台湾に正統性を与えるだろうが，広範な国際的影響力を有する国との非公式な関係からの方が，台湾はより裨益するだろうとして，具体的にはオーストラリア，カナダ，ドイツ，インド，日本，アメリカを挙げた[115]．ここで示された連邦議会の問題意識は，中国との国交国争奪戦に血道をあげるのではなく，非公式な関係ながらも重要なパートナーであるアメリカや日本との関係強化に動いていた蔡英文政権の方針と，軌を一にしていたといえよう．

（5） 台湾とバチカンとの関係をめぐる動き

台湾と正式な国交を有する国の中でも，バチカンについては，ヨーロッパにおける唯一の台湾国交国であることに加えて，台湾国交国が集中して所在するラテンアメリカにおいて大きな影響力を有していることから，特別な存在感を放っている．したがって台湾総統はこれまでに，教皇の逝去や就任といった機会を捉えて，バチカンへの訪問を敢行している．

2005年4月には陳水扁総統が，ヨハネ・パウロ2世の葬儀に出席するために

バチカンを訪問した．葬儀には，アメリカからブッシュ大統領，イギリスから
チャールズ皇太子及びブレア首相，フランスからシラク大統領，ドイツからケー
ラー大統領及びシュレーダー首相，日本から特派大使として川口順子総理補佐
官が出席した．台湾総統がヨーロッパを訪問したのは，初めてのことだった．
2013年3月には馬英九総統が，ベネディクト16世の退位を受けて南アメリカ出
身者として初めて教皇の座に就いたフランシスコ1世の就任ミサに出席するた
め，バチカンを訪問している．台湾総統がローマ教皇の就任式に出席するのは，
初めてのことだった．蔡英文政権下では，2016年9月，2018年10月，2019年10
月に，カトリック教徒の陳建仁副総統がバチカンに派遣された．

　ただし，バチカンから台湾への要人訪問に関しては，教皇による台湾訪問は
未だ実施されていない．また，在台湾バチカン大使館（Apostolic Nunciature）の
公館長は，臨時代理大使のレベルにとどめられており，台湾との関係をローキー
で扱おうとするバチカン側の意思を見て取ることができる．

　一方でバチカンと中国は，1951年に国交を断絶しており，教皇の権威，司教
の任命，バチカンの台湾との外交関係，そして信教の自由をめぐって，長年に
わたって対立してきた．中国政府の監督下では，中国天主教愛国会（Chinese
Patriotic Catholic Association）が設立されている．しかし，2018年9月にバチカン
と中国は，司教の任命に関して暫定的な合意に達し，中国が任命した司教7名
をバチカンが承認した．暫定合意の内容は非公表だが，2020年，2022年には2
年，2024年には4年にわたり延長されることとなった．また2020年2月には，
バチカンのポール・リチャード・ギャラガー（Paul Richard Gallagher）外務長官
と中国の王毅外交部長が，ミュンヘンで会談した．バチカンと中国の外相会談
が実施されたのは，初めてのことだった．

　バチカンと中国の接近に対して，トランプ政権からは懸念の声が上がった．
ポンペオ国務長官は，中国における信教の自由に対する圧迫は，暫定合意によっ
ても改善しなかったとの論考を保守系カトリック論壇誌に投稿し[116]，暫定合意が
更新されればバチカンの倫理的な権威（moral authority）が危険にさらされると
警鐘を鳴らした[117]．これに対してバチカン側は，2020年9月にポンペオ国務長官
がイタリアを訪問中だったにもかかわらず，教皇フランシスコが会見しないと

発表し，中国との関係をめぐって生じたアメリカとバチカンの摩擦が，浮き彫りとなった．

（6）　台湾とインド太平洋地域の主要国との関係

① インド太平洋地域の主要国との関係

正式な国交を有する国々との関係だけでなく，インド太平洋地域の主要国と台湾との間にも関係の進展がみられ，アメリカからも肯定的な反応が示されている．前述したように，2020年 3 月に成立したTAIPEI法では第 2 条 a 項第 7 号で，アメリカ，オーストラリア，インド，日本を特出して，それぞれの国と台湾との独自の（unique）関係の重要性を強調した．

同法の成立直後に開催された蔡英文総統の 2 期目の就任式には，ナレンドラ・モディ（Narendra Modi）政権の与党であるインド人民党（Bharatiya Janata Party, BJP）所属の下院議員 2 名が，祝賀メッセージを寄せた．また台湾とインドは軍事面での協力も進めており，台湾からは非公式の軍事アタッシェが，ニューデリーの駐インド代表処（事実上の在インド台湾大使館）に駐在しているという[118]．

オーストラリア関連では2018年 8 月に，有力シンクタンクであるオーストラリア戦略政策研究所（Australian Strategic Policy Institute, ASPI）が，インド太平洋リーダーサミットというオンラインイベントに蔡英文総統を招待した．2021年11月には，オーストラリアのダットン国防相が，台湾有事が起こった場合にはアメリカを支援すると発言した．なおニュージーランドとの間では，馬英九政権期の2013年 7 月に，台湾・ニュージーランド経済協力協定（ANZTEC）が締結されている．

シンガポールとの間では，馬英九政権期の2013年11月に，台湾・シンガポール経済パートナー協定（ASTEP）が締結されて，台湾にとって 4 番目のFTAとなった．蔡英文政権期の2018年 2 月には，台湾東部の花蓮県で発生した地震に際して，医薬品等の救援物資を搭載したC-130輸送機が派遣された．同国の軍用機が台湾に派遣されるのは，きわめて異例だった．一方で，台湾とシンガポールとの間には，以前から軍事上の協力関係が存在することが知られていた．1975年に始まった「星光計画」によって，シンガポール軍が台湾での訓練を実

施している.

② その他の国々との関係

　正式な国交を有しない国に台湾が設置している事務所の名称に対しても，中国による圧力が顕在化した．たとえば，中華民国という語が含まれることを問題視して，2017年1月にナイジェリアは，中華民国駐ナイジェリア連邦共和国商務代表団に対して，名称の変更と首都アブジェからの移転を求めた．ナイジェリア側からの要求の背景には，中国の王毅外交部長が同国を2017年1月に訪問して総額400億ドル規模の新規投資を提示したことがあり[119]，北京が経済力を背景に，台湾の国際的な活動空間を狭めようとする試みだったといえよう．同様の事例は，ドバイ，エクアドル，バーレーン王国，パプアニューギニア，ヨルダン・ハシェミット王国，フィジーでも発生した．

　2020年7月に設置が発表されたのが，ソマリランドの台湾代表処だった．旧イギリス領だったソマリランドは，1991年にソマリア（旧イタリア領）からの分離独立を宣言した．ところが国際的な承認は広がっておらず，中国も国家承認していないが，こうした間隙を縫って台湾は，地政学的要衝であるアフリカの角に位置するソマリランドとの関係強化を進めている．トランプ政権の国家安全保障会議は，代表処設置について，公式ツイッターを通じて前向きな反応を示した[120]．

5　アメリカのシンクタンクによる台湾への関与

（1）　シンクタンクの提言とトランプ政権の初動

　シンクタンクにとって，政策提言は重要な機会であり，中でも新政権発足直前は，多くのシンクタンクから政策提言が出されるのが通例である．自らの存在を売り込む絶好の機会だからだ．トランプ政権発足直前の時期には台湾政策について，シンクタンクからはどのような動きがみられたのであろうか．

　2016年にワシントンD. C. に設立されたグローバル台湾研究所（Global Taiwan Institute, GTI）は，親台的な色彩がきわめて濃いシンクタンクである．同研究所

は，同年11月大統領選挙でのトランプ当選という結果を受けて，台湾政策についての新政権への提言を盛り込んだブリーフを公表した[121]．元アメリカ在台協会台北事務所所長をそれぞれ務めたスティーブン・ヤング (Stephen M. Young)，ウィリアム・スタントン（William Stanton）らが名を連ね，国務省で台湾政策に携わった元外交官らが執筆者となった．ただし提言公表からわずか2日後に実施されたトランプ・蔡英文電話会談については，いずれの執筆者からも言及はなかった．

　このトランプ蔡電話会談を事例として，シンクタンクの提言とトランプ政権の動きについて考察を試みたい．シンクタンクの提言がまずあり，のちに新政権において実現するという流れが，通常は想定される．だがトランプ政権の台湾政策に関しては，最初の大きな動きが正式な政権発足前だったということもあり，電話会談以前には有力シンクタンクからの提言公表はほとんどなかった．

　既述のように，親台派シンクタンクであるグローバル台湾研究所から，台湾政策についての新政権への提言がかろうじて公表されていた．その中に盛り込まれた台湾への武器売却やアメリカの閣僚の台湾への派遣といった施策は，トランプ政権下で実際に採用された．だが台湾関連で，トランプ政権の発足前後で最も注目されたトランプ・蔡英文電話会談については，触れられていなかった．

　シンクタンクには多くの元政府関係者が在籍しているが，あくまで民間組織であることから，実際の政府の政策よりも踏み込んだ政策提言を示すことが一般的である．だがトランプ政権は発足よりも前の段階で，シンクタンクの提言が指し示した範囲を大きく超えて，動きをみせたといえよう．シンクタンクの提言との関係では，通常とは異なる流れが，トランプ政権によって示されたといえる．

（2）　アメリカのシンクタンクによる台湾関与の特徴

　アメリカと台湾の間には正式な国交が存在しない．米台関係においては，政府機関ではないアメリカのシンクタンクが果たす役割は，国交が存在する一般的な二国間関係においてよりも重要であるといえよう．したがって既述のよう

に，シンクタンクの動向について分析する意義は大いにある．実際にアメリカのシンクタンクの幹部や研究者は，台湾を頻繁に訪問して，総統を始めとする要人との会談を実施している．

　台湾側にも変化が生じていた．1970年代の国民党政府は，一般的にアメリカの知識層を敵対者とみなして避けていたが，1980年代に台湾の民主化が進むとこの傾向は大きく変わり，台湾はアメリカのアカデミアに関与し始めた．アメリカでシンクタンクが急拡大すると，台湾はシンクタンクの起業家精神とグローバルな関心を利用して，深い関係を確立した[122]．後述するように蔡英文総統からも，シンクタンクの役割に期待する発言が度々みられる．

　レーガン政権，ブッシュ・ジュニア政権では保守系シンクタンク関係者が多数起用されたのとは対照的に，同じ共和党政権でもトランプ政権での登用は比較的少なかった[123]．しかしながらヘリテージ財団を始めとして，特に保守系シンクタンクの中には，トランプ政権との強固な関係を誇りつつ，台湾への関与を深めていった例も存在する．

　保守系やリベラル系といったイデオロギー傾向にかかわらず，有力シンクタンクが共同して台湾に関わる例もみられた．2020年8月には，保守系のハドソン研究所とリベラル系のアメリカ進歩センター（Center for American Progress, CAP）が合同でオンライン会議を開催し，蔡英文総統が演説した．党派性を超えての台湾への支持は，前述したように連邦議会でみられるが，有力シンクタンクにおいても台湾に対する超党派的な支持を観察することができる．

　台湾関係法は，アメリカによる台湾へのコミットメントの基礎である．同法の成立40周年を記念して，2019年4月には，戦略国際問題研究所，ブルッキングス研究所，ウィルソン・センターというワシントンD. C. の3つの有力シンクタンクが共同で，オンライン会議を開催した．アーミテージ元国務副長官，マイケル・グリーン（Michael Green）CSIS上級副所長，リチャード・ブッシュ（Richard C. Bush）ブルッキングス研究所北東アジア政策研究所長，アブラハム・デンマーク（Abraham Denmark）ウィルソン・センター・アジアプログラム・ディレクター，ボニー・グレイザー（Bonnie Glaser）CSIS上級研究員らが参加した．

　蔡英文総統のアメリカ立ち寄り中にも，シンクタンク間の協働が観察された．

2017年10月にトランジットでハワイを訪れた蔡英文総統は，東西センター（East-West Center）のリチャード・ヴァイルステク（Richard Vuylsteke）理事長，パシフィック・フォーラム（Pacific Forum）のラルフ・コッサ（Ralph Cossa）理事長らと懇談した．懇談終了後には，アリゾナ記念館（USS Arizona Memorial）を訪問している．2つのシンクタンクはどちらもホノルルに所在しており，パシフィック・フォーラムは1975年に設立された．

　ただし，すべてのシンクタンクが台湾に好意的というわけではない．1970年代後半にコーク兄弟の支援で設立されたケイトー研究所（Cato Institute）は，リバタリアニズムを標榜しており，ダグ・バンドウ（Doug Bandow）上級研究員は，台湾はアメリカにとって重大な安全保障上の利益ではないとする論考をバイデン政権発足直後に発表している[124]．トランプ政権による台湾関与の深化に，真っ向から異を唱えた格好だ．

　2019年にはコークス財団の支援でクインジー研究所（Quincy Institute for Responsible Statecraft）が設立され，左右両派の非介入主義者の結集が図られている[125]．トランプ政権の台湾政策について，米中国交正常化以来の安定を支えてきた「一つの中国」政策を弱体化させたと批判する論考を，トランプ政権最終盤に公表した[126]．

（3）　有力シンクタンクと台湾の関わり

① ヘリテージ財団（Heritage Foundation, 中国語：伝統基金会）

　保守系シンクタンクの中では，ヘリテージ財団の台湾への関与が，群を抜いて深いといえよう．1973年に設立された同財団は，早くもレーガン政権期には大きな存在感を誇示した．政権発足直前に作成された政策提言は，最初の閣議でレーガン大統領本人が回覧させたという[127]．1999年8月には，新アメリカの世紀プロジェクト（Project for the New American Century, PNAC）と共同で，「台湾防衛に関する声明」を発表している[128]．

　ヘリテージ財団は，親トランプ路線へと転換した保守系シンクタンクの筆頭として，その名を挙げることができる．2016年春以来，ジム・デミント（Jim DeMint）所長の号令の下で，保守系シンクタンクとしては唯一のトランプ「応

援団」となり，2017年秋にはトランプ大統領本人のスピーチを実現させて，トランプ政権に最も近いシンクタンクという評判の確立に成功した[129]．なおデミント所長は2014年5月に，所長就任後初めてのアジア歴訪の最初の訪問地として台湾を訪れ，馬英九総統と会談している．

　創設者で所長を務めたフルナーは，前述したように，トランプ次期大統領と蔡英文総統の電話会談に深く関わっていたという．フルナーは，電話会談直前の2016年10月だけでなく，トランプ政権発足後も2018年1月，同年10月，2019年1月，同年10月，そしてパンデミック後も2022年2月，2023年3月と台北を頻繁に訪れて，蔡英文総統と会談している．2018年1月の訪問では，ケイ・コールズ・ジェームズ（Kay Coles James）新所長の訪台を，蔡英文総統が招請している．フルナーは2018年4月に，特殊外交奨章（Grand Medal of Diplomacy）を授与されている．

　既述のように2019年3月には蔡英文総統が，立ち寄り先のハワイからオンラインで，ヘリテージ財団の会合に参加した．加えてヘリテージ財団主催のセミナーは，本書の他の箇所で述べているように，シュライバー国防次官補やスティルウェル国務次官補が，台湾に関連して重要な言及をする場ともなっていた．

② ハドソン研究所（Hudson Institute, 中国語：哈徳遜研究所）

　ハドソン研究所も，トランプ政権との近さが目立った保守系シンクタンクである．2018年10月には，ペンス副大統領による中国演説第一弾の舞台となった．実際の着任には至らなかったものの，ケネス・ワインシュタイン（Kenneth Weinstein）所長が，2020年3月に駐日アメリカ大使に指名された．

　トランプ政権発足直後の2017年1月には，ワインシュタイン所長が台湾を訪問し，蔡英文総統と会談した．蔡英文総統は，大規模な国防予算を継続するとし，ハドソン研究所による台湾の国防，とりわけ軍事改革に対する提案を期待していると述べた．2019年4月には，台湾外交部，遠景基金会と共同で，インド太平洋安全保障対話を開催した．2020年12月には，ハドソン研究所が主催するオンラインイベントで，蔡英文総統が演説した．その中で蔡英文総統は，安倍総理が同研究所での演説（2013年9月）で，日本経済の再建を訴えたことにも

触れた.

　なお2017年版国家安全保障戦略に，ハーバート・マクマスター（Herbert Raymond McMaster）大統領補佐官の下で国家安全保障担当大統領次席補佐官（戦略担当）として関わり，主要な執筆者となったのが，ナディア・シャドロウ（Nadia Schadlow）ハドソン研究所上級研究員だった．彼女は，2018年8月のジョンソン下院議員による訪台に同行し，蔡英文総統と会談した．

③ アメリカン・エンタープライズ公共政策研究所（American Enterprise Institute for Public Policy Research：AEI，中国語：美国企業研究院）

　アメリカン・エンタープライズ公共政策研究所は，1970年代後半にニクソン，フォード両政権の元高官らを取り込み，共和党亡命政権とよばれるまでに成長を遂げた.[130]　一方で，同じ共和党政権でも，トランプ政権に対しては一定の距離を取り続けた.[131]　2016年3月には，ゲイリー・シュミット（Gary Schmitt）ら外交専門家が，ネバー・トランプ派の一角として，トランプ候補の当選に反対する公開書簡に署名した.[132]　同じ保守系シンクタンクでも，ヘリテージ財団からは一人も署名しなかったのとは対照的だった.[133]

　2018年4月には，ダニエル・プレトカ（Danielle Pletka）上級副所長，ゲイリー・シュミット上級研究員らが訪台し，蔡英文総統と会談した．蔡英文総統は2011年9月に同研究所を訪れたことに触れ，同研究所で上級フェローを務めたボルトンが大統領補佐官に起用されたことを歓迎した．2020年1月にプレトカ副所長は，豪州独立研究センター（Centre for Independent Studies）のトム・スウィッツァー（Tom Switzer）らと再び訪台し，蔡英文総統と会談した．

④ ブルッキングス研究所（The Brookings Institution, 中国語：布魯金斯研究院）

　ブルッキングス研究所は，実業家ロバート・ブルッキングス（Robert Brookings）の尽力もあって，1927年に誕生した．2018年1月には，オバマ政権で国家安全保障会議アジア上級部長を務めたメデイロス，同じく中国・台湾・モンゴル部長を務めたライアン・ハス（Ryan Hass）上級研究員らが訪台し，蔡英文総統と会談した．翌2月には両氏が連名で，台湾関連の論考を公表してい

110

134)
る.

2019年6月には，ブルッキングス研究所から米日政治学者訪問団が訪台し，蔡英文総統と会談した．一行には，リチャード・ブッシュ，松田康博東京大学教授らが含まれていた．翌週にはジョン・アレン（John Allen）所長らが訪台し，蔡英文総統と会談した．蔡英文総統は，アレン元海兵隊大将の15年ぶりかつブルッキングス研究所所長としての初めての台湾訪問を歓迎した．ブッシュはほかにも，2018年6月，2019年10月と頻繁に訪台し，蔡英文総統と会談している．

⑤ 戦略国際問題研究所（Center for Strategic and International Studies：CSIS, 中国語：戦略暨国際研究中心）

2017年10月には，グリーン上級副所長，クリストファー・ジョンソン（Christopher Johnson），アンドリュー・シアラー（Andrew Shearer）上級顧問らが訪台し，蔡英文総統と会談した．蔡英文総統は，戦略国際問題研究所が米台間の架け橋の役割を果たし続けることを期待すると述べた．シアラーは，オーストラリアのジョン・ハワード，トニー・アボット両首相の下で，国家安全保障担当上級補佐官を務めた．

2018年11月には，ジョン・ハムレ（John Hamre）所長兼CEO，ジョンソンらが訪台し，蔡英文総統と会談した．2019年6月には，CSISに設けられている米台関係のプログラムである「Taiwan-U. S. Policy Program（中国語：台美政策計画）」から，グレーザーらが訪台して，蔡英文総統と会談した．

2020年1月には，上級顧問を務めるカート・トン（Kurt Tong）前在香港アメリカ総領事やジュード・ブランシェット（Jude Blanchette）らが台湾を訪問し，蔡英文総統と会談した．蔡英文総統は外交官出身のトンに対して，公職を離れてから初めての訪問だと述べ歓迎した．既述のようにトンは，同年5月にCSISホームページ上で，台湾との貿易協定を支持する論考を発表し，1月の訪台にも触れた．ジョンソン，そしてブランシェットがトップに据えられたフリーマン・チェア（Freeman Chair in China Studies）は，中国研究を専門としている．

⑥ アメリカ進歩センター（Center for American Progress, 中国語：美国進歩中心）

アメリカ進歩センターは，クリントン政権で大統領首席補佐官を務めたジョン・ポデスタ（John Podesta）によって，投資家ジョージ・ソロスらの支援を受けて，2003年に設立された．設立の背景には，保守系シンクタンクの躍進に対して，対抗する必要があるというリベラル派の問題意識があった[135]．現在ではリベラル派最大のシンクタンクとなっている．しかしながら台湾については既述のように，蔡英文総統を迎えてのオンラインイベントを保守系シンクタンクと共催するなど，超党派的な動きを示している．

2018年10月には，トーマス・ダシュル（Thomas Daschle）元上院議員（サウスダコタ州選出）らが訪台して，蔡英文総統と会談した．2019年10月には，ポデスタ，ダシュルらが訪台し，陳建仁副総統と会談した．ダシュルは上院民主党トップである院内総務を務め，ワシントン政界においてオバマの後ろ盾ともいうべき存在であった[136]．

⑦ 新アメリカ安全保障センター（Center for a New American Security：CNAS, 中国語：新美国安全中心）

民主党穏健派のシンクタンクとして出発したが，その後は共和党系人材も抱えており，リベラル系シンクタンクと表現することは，もはや適切ではない[137]．

2018年8月には，遠景基金会，笹川平和財団とセミナーを共催し，既述のように，シャドロウ元大統領次席補佐官，スタヴリディス元大将が参加した．2018年6月，2019年4月には，次世代国家安全保障リーダープログラム（Next Generation National Security Leaders Program）の参加者と，蔡英文総統が会見した．アメリカの安全保障の専門家と台湾側との人脈形成が，長期的なスパンで進められていることが見て取れる．なお2018年6月の訪台団は，ヴィクトリア・ヌーランド（Victoria Nuland）会長がトップを務めたが，同氏はバイデン政権で国務次官に就任した．

⑧ 全米民主研究所（National Democratic Institute：NDI, 中国語：美国国际民主協会）

全米民主研究所は民主党との関係が深いことで知られているが，台北事務所の開設を計画して，台湾との関係強化を図っている．2020年12月には，全米民主研究所のイベントで蔡英文総統が，オンラインでスピーチした．公民権運動に貢献し同年に死去したジョン・ルイス（John Lewis）下院議員（民主党，ジョージア州選出）を讃えた．

なお2019年11月に香港人権民主主義法が成立すると，その翌月に中国は，全米民主主義基金（National Endowment for Democracy, NED），共和党系の国際共和研究所（IRI）そして全米民主研究所に対して制裁を発動した．

⑨ ウィルソン・センター（Wilson Center, 中国語：威爾遜国際学人中心）

ウッドロー・ウィルソン国際学術センター（Woodrow Wilson International Center for Scholars）は，ウィルソン大統領を記念して連邦議会によって，スミソニアン学術協会下に1968年に設置された．既述のようにペンス副大統領は，第二弾の中国演説をウィルソン・センターで実施し，台湾にも言及した．また上述のように他の有力シンクタンクと合同でオンライン会議を開催した．2019年9月には，ジョン・ネグロポンテ（John A. Negroponte）元国務副長官らが訪台し，蔡英文総統と会談した．蔡英文総統は，アメリカ政府は台湾関係法と6つの保証のコミットメントを積極的に履行しているとの高い評価を示した．

⑩ アトランティック・カウンシル（Atlantic Council, 中国語：大西洋理事会）

安全保障理解を北大西洋条約加盟国間で深めるため，1954年に発足した大西洋条約協会が前身であり，1961年に設立された．2016年6月には，ユタ州知事や駐中国アメリカ大使などを務めたジョン・ハンツマン（Jon Huntsman）会長が訪台し，蔡英文総統と会談した．トランプ政権発足後にハンツマンは，駐ロシア米国大使を務めた．2017年7月に，ニール・ウォーリン（Neal S. Wolin）元財務副長官らが訪台し，蔡英文総統と会談した．2018年9月には既述のように，ブリードラブ元空軍大将らが訪台した．

⑪ 全米外交政策委員会（NCAFP, 中国語：美国外交政策全国委员会）

1974年に設立され，ニューヨークに本部を置く．2016年12月には既述のように，ディカルロ会長らが訪台して，蔡英文総統と会談した．ディカルロは元外交官で，2018年には国連事務次長に転じている．この訪問団には，ウィルソン・センターからは駐中国アメリカ大使を務めたステープルトン・ロイ（J. Stapleton Roy）・キッシンジャー米中関係研究所創設名誉所長（Founding Director Emeritus, Kissinger Institute on China and the United States）が，ブルッキングス研究所からはエバンス・リビア（Evans J.R. Revere）元国務筆頭次官補代理が参加した．2017年12月には，ブルクハルト元アメリカ在台協会理事長，元海軍少将のマイケル・マクデヴィット（Michael McDevitt）海軍分析センター（CNA）上級研究員らが訪台して，蔡英文総統と会談した．

2018年11月には，直前に就任したエリオット会長が訪台して，蔡英文総統と会談した．蔡英文総統はエリオット会長の初めての台湾訪問を歓迎した．2019年7月に蔡英文総統がニューヨークでトランジットした際には，前述したようにエリオット会長らが面会した．同年11月にはエリオット会長が，スーザン・ソーントン（Susan Thornton）元国務次官補代行らとともに再び訪台し，蔡英文総統と会談した．

なおソーントンは2017年12月に国務次官補（東アジア・太平洋）に指名されたものの，上院での承認に至らなかった．タカ派から対中姿勢が穏健すぎるとみられていたことが原因で，ソーントンは国務省在職中に台湾との戦略的関係を弱体化させたとルビオ上院議員が批判したという[138]．

⑫ 東西センター（East-West Center, 中国語：東西中心）

東西センターはアメリカ連邦政府が1960年に，アジア・太平洋地域の学術的な研究と教育を実践するために設立した．

既述のように，蔡英文総統のハワイ立ち寄り時に，ヴァイルステク理事長が会談している．アジア太平洋ジャーナリズムフェローシップ（Asia Pacific Journalism Fellowships）の受賞者に対しては，2016年12月に蔡英文総統が，2017年11月に陳建仁副総統が，それぞれ会見した．

⑬ プロジェクト2049研究所（Project 2049 Institute, 中国語：2049計画研究所）

国防総省在職時に台湾重視の姿勢を示していたのが，国防次官補を務めたシュライバー・プロジェクト2049研究所所長である．2020年2月に訪台して蔡英文総統と会談した．蔡英文総統は，シュライバーが公職を離れてから最初の外国訪問として台湾を訪れたことを歓迎し，F-16戦闘機の売却決定において同氏が果たした役割を高く評価した．

また既述のように，2016年10月にはクウェイル元副大統領に，2020年9月にはクラック国務次官に同行して訪台し，蔡英文総統と会談している．2023年1月，2024年4月にも訪台している．なおシュライバーは2005年7月に，紫色大綬景星勲章を陳水扁総統から授与されており，長年にわたって台湾とのパイプ役を担っている．

加えて，アーミテージ元国務副長官をトップとする訪問団が，複数回組織された．2018年9月にはアーミテージ元国務副長官が，プロジェクト2049研究所のストークスらとともに台湾を訪問し，蔡英文総統と会談した．2019年6月にはアーミテージ元国務副長官が，ジョン・ガストライト（John A. Gastright Jr.）プロジェクト2049研究所理事長らとともに台湾を訪問し，蔡英文総統と会談した．

2020年12月には，日本国際問題研究所，台湾外交部，遠景基金会とオンライン会議を共催し，カート・キャンベル（Kurt M. Campbell）元国務次官補らが参加した．出席した蔡英文総統は，キャンベル元次官補の参加を歓迎し，日米台協力の重要性を強調した．メネンデス上院議員，インド系のアミ・ベラ（Ami Bera）下院議員（民主党，カリフォルニア州選出）も参加した．キャンベルはのちにバイデン政権で，国務副長官に就任した．

⑭ ジャーマン・マーシャル基金（German Marshall Fund of the United States, 中国語：德國馬歇爾基金會）

ワシントンD. C. に本部がある公共政策関連の財団であり，近年では，政策シンクタンクとしての性格を強めている．

2018年12月，2022年12月には，ジャーマン・マーシャル基金からの訪問団が

総統府を訪れて，蔡英文総統と会談した．2018年訪問団は，のちに国家安全保障担当大統領補佐官としてバイデン政権入りしたジェイク・サリバンが，トップを務めた．

⑮ 全米アジア研究所（NBR，中国語：国家亜州研究局）

1989年にワシントン州シアトルで設立され，ワシントンD. C. にもオフィスを構える．既述の通り，2017年6月にはロックリア元海軍大将が訪台して，蔡英文総統と会談した．2023年2月には，フィリップ・デービッドソン元インド太平洋軍司令官が訪台して，蔡英文総統と会談した．

6　台湾政策をめぐるワシントンにおける議論
——レーガン大統領による6つの保証，戦略的曖昧性——

（1）　公然化する「6つの保証」

本書で検討しているように，米中対立の激化に伴って，トランプ政権期にアメリカと台湾の関係は実質的な深化を遂げたが，米中関係の基礎と関係してカギとなるのが，レーガン大統領による6つの保証だ．

2018年8月に蔡英文総統は，台湾旅行法が成立してから初めてアメリカにトランジットで立ち寄り，カリフォルニア州シミバレー（Simi Valley, California）に所在するロナルド＝レーガン大統領図書館（Ronald Reagan Presidential Library）を訪れた．スピーチの中で6つの保証について，現在に至るまでアメリカの台湾政策の重要な基礎となっていると言及し，レーガンによる米台関係発展への貢献を称賛した[139]．

① 連邦議会およびトランプ政権による「6つの保証」の公然化
連邦議会

ワシントンにおいて，6つの保証をプレイアップする動きは，まずは連邦議会などで高まりをみせた．台湾関係法および6つの保証を再確認する決議が，下院では2016年5月に[140]，上院では2016年7月に[141]，それぞれ採択された．決議には大統領による署名はなく，法的な拘束力も持たない．しかしながら，下院で

の提出者にはシャボット下院議員，上院での提出者にはルビオ上院議員といった親台派が名を連ね，上下両院において全会一致で採択された意味は，大きかったといえよう．蔡英文政権が発足する2016年5月20日の前後というタイミングをわざわざ選んで決議が採択されたことで，連邦議会としても蔡英文政権を後押ししようとする意思が，明らかにされたといえよう．

　連邦議会による大幅な修正を経て，ジミー・カーター（Jimmy Carter）大統領による署名によって1979年4月に成立した台湾関係法に加えて，6つの保証が，[142]米台関係における要石（cornerstone）という表現で連邦議会の決議に登場した意味は，決して小さくなかったといえるだろう．

　トランプ政権発足後には上述のように，2018年12月に成立したアジア再保証推進法において書き込まれたことで，法文上にも明示的に現れることとなった．

共和党政策綱領

　連邦議会だけではなく，政党の政策文書においても動きがみられた．トランプは2016年7月，オハイオ州クリーブランドで開催された共和党全国大会で，大統領候補に指名された．この全国大会で採択された政策綱領には，台湾関係[143]法に加えて，6つの保証が盛り込まれた．他の年の例と比較すると，2012年8月にフロリダ州タンパで開催された共和党大会で採択された政策綱領では，台[144]湾関係法への言及はみられたが，6つの保証は登場しなかった．なお，2020年8月にノースカロライナ州シャーロットで開催された共和党全国大会では，政策綱領は策定されず，トランプ大統領の公約のみが公表された．

　既述のように蔡英文総統は，訪台した共和党全国委員長に対して，2016年綱領に台湾関係法と6つの保証が記述されたことついて，感謝を述べた．

トランプ政権

　連邦政府においても，6つの保証に新たな息吹を吹き込もうとする動きがみられた．この流れの引き金を引いたのは，ボルトン大統領補佐官だった．トランプ大統領との方向性の違いが明らかとなり，ボルトン補佐官は2019年9月にトランプ政権を離れたが，その直前に，6つの保証に対して設定されていた機密指定を解除したのだった．

　ボルトンは，トランプ政権が発足する直前には，アメリカ軍の台湾への駐留

を唱えていた[145]．大統領補佐官在任中には，上述のように台湾のカウンターパートである李大維国家安全会議秘書長と会談するなど，台湾を重視する立場を示していた．６つの保証に関する機密指定の解除は，親台派として知られたボルトン補佐官からの最後の置き土産となった．

　なおボルトン補佐官の辞任後も，台湾へのコミットメントが弱体化することがなかったことからは，本書で論じるように多様なアクターが役割を果たしつつ，台湾政策の推進力が構造化していったことが裏付けられる．

　６つの保証に着目するというボルトンによって形作られた流れは，ホワイトハウスの文書でも確認できる．既述のように，2020年５月に公表された「中国に対する戦略的アプローチ」では，６つの保証の文言が引用された．

　連邦政府内で動きを加速させたのが，国務省で東アジア・太平洋を担当していたスティルウェル国務次官補だった．スティルウェル国務次官補は，ヘリテージ財団が2020年８月に主催したウェビナー[146]で，アメリカの政策は40年近くにわたって，台湾関係法，３つの米中共同コミュニケ，６つの保証によって導かれてきたとした上で，いずれも重要だが，６つの保証についてこれまで若干の混乱があったとして，６つの保証に焦点を絞ってスピーチした．６つの保証に対する機密指定が解除されたことを明らかにした上で，現在も効力がある（they endure today）とし，その重要性を強調する内容となった[147]．

　一方で，ヘリテージ財団でのスティルウェル国務次官補による発言の翌日に，中国外交部の華春瑩報道官は，台湾関係法と６つの保証は「一つの中国」原則と３つの米中共同コミュニケに違反すると反発し，アメリカ側が遵守しなければならないのは「一つの中国」原則と３つの米中共同コミュニケの規定であり，台湾関係法と６つの保証ではないとして[148]，アメリカ側との立場の違いを鮮明にした．６つの保証を巡って，アメリカと中国の間で深刻な認識ギャップがあることが浮き彫りとなった．

　スティルウェル国務次官補は，蔡英文総統に近い蕭美琴駐アメリカ代表が2020年７月に着任すると，数日後にはすぐさま国務省内で会談するなど，米台関係を公然と推し進めようとする姿勢を示していた．

　だがスティルウェル国務次官補も，６つの保証をプレイアップする姿勢を当

初から示していたわけではなかった．連邦議会上院において，スティルウェル国務次官補が6つの保証についてどのように発言したかの変遷を辿ることによって，6つの保証がいかに公然と語られるようになってきたかを確認することができる．国務次官補への指名の承認をめぐって，2019年3月に上院外交委員会で開催された公聴会では，台湾関係法には触れたものの6つの保証への言及はなかった[149]．

ところが，インド太平洋地域におけるアメリカの政策とアジア再保証推進法の実施状況に関して，2019年10月に開催された上院外交委員会東アジア・太平洋・国際サイバーセキュリティ政策小委員会では，6つの保証という単語こそ使わなかったものの，近時の機密指定解除に触れ，レーガン大統領が1982年8月17日に残したメモも引用するなど，指名承認公聴会とは異なり，6つ保証をプレイアップする内容となった[150]．そして既述のヘリテージ財団ウェビナー直後の2020年9月に開催された上院外交委員会では，台湾関係法および6つの保証を実施するというアメリカのコミットメントは強固だと証言したのだった[151]．

オバマ政権との比較

こうした6つの保証を重視するトランプ政権の方向性は，オバマ政権期とは趣を異にしていたといえよう．スティルウェル国務次官補の前任者であり，オバマ政権期に在任したダニエル・ラッセル（Daniel Russel）アジア・ソサエティ政策研究所（Asia Society Policy Institute, ASPI）上級研究員は，6つの保証について，せいぜい緩やかに守られた秘密（"loosely-kept secret" at best）に過ぎないという認識を示した[152]．

またラッセルは国務次官補在任中に，2014年4月に開催された上院外交委員会東アジア太平洋小委員会の公聴会で，オバマ政権は6つの保証にコミットしているのかとルビオ上院議員に問われたのに対して，アメリカの台湾へのアプローチにおいて重要な役割を果たしているとはしたが，ルビオ上院議員から6つの保証にコミットしているのかしていないのかを尋ねる更問が発せられても，明確には回答しなかった[153]．なおラッセル元国務次官補は，2017年10月，2023年5月に訪台して蔡英文総統と会談した．

② 6つの保証をめぐる論点

1982年8月17日に発せられた米中共同コミュニケ[154]では，台湾への武器売却を徐々に減少させるなどといった台湾側に不利な内容が盛り込まれた．そこで共同コミュニケの約1か月前というタイミングで，ジェームズ・リリー（James R. Lilley）アメリカ在台協会台北事務所所長によって，台北の蔣経国総統に対して口頭で伝達された[155]のが，本章で論じている6つの保証であった．

こうした経緯からも，1982年米中共同コミュニケとレーガン大統領による6つの保証は，表と裏の関係にあるといえる．1982年コミュニケに書き込まれていた台湾にとって不利な内容を，6つの保証によって打ち消そうとしたものと解される．

具体的には，①台湾への武器売却の終了期日の設定に同意しない，②台湾への武器売却についての中国との協議に同意しない，③台北と北京との間で調停役を担わない，④台湾関係法の修正に同意しない，⑤台湾の主権に関する立場を変更しない，⑥台湾に中国との交渉を開始するよう圧力を加えない，といった台湾にとって有利な内容が並べられた[156]．

6つの保証は，アメリカ側から台湾側に口頭で伝達されたというその存在形式からも知られるように，あくまで内々の約束という色彩が濃いものだった．米中両政府から正式に発せられた1982年米中共同コミュニケとは，元来の位置付けが異なっていたといえよう．

ところが本章で検討しているように，近時，連邦議会やトランプ政権によって，6つの保証は公然と語られるようになった．6つの保証の公然化によって，「一つの中国」政策の構成要素である1982年米中共同コミュニケは，空洞化を余儀なくされているといえよう．台湾側が6つの保証について，レーガン大統領から蔣経国総統に宛てられたと解釈することも可能であり[157]，既述のように蔡英文総統は，繰り返し言及している．

3つ目にして最後の米中共同コミュニケである1982年のコミュニケでは，台湾問題がどのように解決されるべきかについては，平和的解決との表現が用いられた．共同コミュニケの中では，前年の1981年9月30日に葉剣英全国人民代表大会常務委員長によって発せられたいわゆる「葉九条」については，平和的

解決に向けた努力のあらわれだという評価が示された.

台湾問題の平和的解決と台湾への武器売却の関係についても書き込まれた.[158] すなわち,アメリカによる台湾への武器売却の削減と中国による平和的解決への継続的なコミットメントは,絶対的に条件づけられていると謳われた.機密指定が解除されたレーガン大統領によるメモの中でも,武器売却の削減と平和的解決の関係が繰り返された.

加えて,1982年コミュニケでもレーガン大統領によるメモでも繰り返されたのが,台湾に提供される武器の質および量と,中国によってもたらされる脅威は,完全に条件づけられるという点だ.ところが近年の中国は,台湾への圧力を急速に高め,パンデミックを奇貨としてその傾向をさらに加速させている.[159]

平和的解決への継続的なコミットメントが履行されず,中国によってもたらされる脅威も高まる中で,アメリカとしては,上述の条件が失われつつあるとの判断に傾いているものと思われる.であるならばアメリカ側としては,台湾への武器売却の削減を履行せず,売却される武器の質を向上させ量を増大させる根拠が,1982年コミュニケとレーガン大統領によるメモの中に見出せるといえるだろう.

もともとアメリカの「一つの中国」政策と中国の「一つの中国」原則に相違があったところに,中国側が否定する6つの保証が公然化すれば,どうなるか.激化する政治的な対立に加えて,米中関係の基礎を巡っても接着点は小さくなり,米中対立の不可逆性が強まることとなろう.

(2) 「戦略的曖昧性」の見直しをめぐって

台湾関係法は,既述のように武器売却につき規定するが,対象範囲はあくまで防御的性格に限られている.日米安保条約や米台断交以前の米華相互防衛条約と異なり,アメリカの防衛義務は明確には規定されておらず,これが戦略的曖昧性(strategic ambiguity)の原因となっている.加えてかつては,台湾独立を牽制するために,曖昧性は台北にも向けられ,中台双方への二重抑止という意味合いを帯びていた.こうした傾向は,独立志向が強かった陳水扁政権期に特に顕著であった.

トランプ政権期のワシントンでは，これまで維持されてきた戦略的曖昧性を捨てるべきだという論考が出されると，それを巡って賛否両論が提示されるなど，議論が活発に展開された.

スティルウェル国務次官補は，米台関係の深化を重要な調整（significant adjustments）と認めつつも，「一つの中国」政策の範囲内にとどまっている（still well within the boundaries of our one-China policy）と述べた.

トランプ政権は，「一つの中国」政策の看板を維持しつつ，その中身を変えていくという方向性を選択した．その方が，同政策を文字通り捨て去るよりも低いコストで，中国への圧力を高めることができるとの判断があったからだろう．バイデン政権においてもこうした方向性は受け継がれ，「『一つの中国』政策の換骨奪胎」が基調となった．だがワシントンの対中認識がさらに悪化した場合には，看板そのもの，すなわち「一つの中国」政策が，変更の対象となるかもしれない.

おわりに

本章では，アメリカによる台湾への武器売却について，検討した．売却決定の回数や総額といった量的側面だけでなく，充実著しかった質的側面についても，分析した．加えて，武器売却に関するレーガン大統領による6つの保証をめぐって，連邦議会とトランプ政権による公然化について検討した．さらには，アメリカの台湾政策について，シンクタンクの観点からも検討した.

台湾への武器売却について，歴代政権との比較からは，トランプ政権下では売却が頻繁に決定されたといえる．加えて，売却決定のタイミングにも，政治的メッセージが込められた．Ｍ１Ａ２戦車とF-16Ｃ／Ｄ戦闘機の売却も決定され，内容面での充実ぶりも著しいものがあった.

一方で本書では，主な検討対象を執筆の時点からきわめて近い過去としており，連邦政府の政策形成について，明らかにしてくれるであろう重要公文書の多くが，未だ公開されていないという資料的な制約が存在している．こうした資料的制約は，同時代的な政策研究を実施する上で，共通して存在する課題と

いえるだろう．

　続く第4章は，上記の資料的な制約に対して，アプローチする役割を果たしている．すなわち第4章は，資料的制約があるなかでも，政策研究を進めることができるモデルを提示している．

注
1 ）　この法律の条文は〈https://www.congress.gov/96/statute/STATUTE-93/STATUTE-93-Pg14.pdf〉を参照せよ．
2 ）　この法律の条文は〈https://www.foreign.senate.gov/imo/media/doc/Foreign%20 Assistance%20Act%20Of%201961.pdf〉を参照せよ．
3 ）　"Statement by the President," White House, September 30, 2002〈https:// georgewbush-whitehouse.archives.gov/news/releases/2002/09/20020930-8.html〉．
4 ）　Ralph Jennings, "US Moving to Make Arms Sales to Taiwan More Routine," *Voice of America*, July 19, 2019〈https://www.voanews.com/east-asia-pacific/us-moving-make-arms-sales-taiwan-more-routine〉．
5 ）　Michael Mazza, "2020 Taiwan Outlook: Opportunities and Challenges for US-Taiwan Relations," Global Taiwan Brief, Vol. 5. Issue 1, January 15, 2020〈https:// globaltaiwan.org/2020/01/2020-taiwan-outlook-opportunities-and-challenges-for-us-taiwan-relations/〉．
6 ）　この法律の条文は〈https://www.congress.gov/bill/113th-congress/senate-bill/1683/text〉を参照せよ．
7 ）　同論考は，太平洋軍司令官や駐中国アメリカ大使を務めたジョセフ・プルーワー（Joseph Prueher）らによって作成された．Miller Center of Public Affairs, University of Virginia, "A Way Ahead with China: Steering the Right Course with the Middle Kingdom," January 19, 2011〈http://web1.millercenter.org/conferences/chinaroundtable-report.pdf〉．
8 ）　詳しくは村上政俊「米国の台湾への武器売却と第二次蔡英文政権の発足」東京財団政策研究所，2020年 6 月 8 日〈https://www.tkfd.or.jp/research/detail.php?id=3433〉．
9 ）　Xavier Vavasseur, "Taiwan Requested MK 48 Torpedoes From The US, But For Which Submarines?" *Naval News*, May 22, 2020〈https://www.navalnews.com/naval-news/2020/05/taiwan-requested-mk-48-torpedoes-from-the-us-but-for-which-submarines/〉．
10）　"2019 Report to Congress of the U.S.-China Economic and Security Review Commission," November 2019, p. 457〈https://www.uscc.gov/sites/default/

files/2019-11/2019%20Annual%20Report%20to%20Congress.pdf〉.

11） David An, "Reconstructing Taiwan's Military Strategy: Achieving Forward Defense through Multi-Domain Deterrence," The National Bureau of Asian Research, February 8, 2018, p. 10 〈https://www.nbr.org/wp-content/uploads/pdfs/publications/special_report_69_an_february2018.pdf〉.

12） Kevin McCauley, "Taiwan Military Reform: Declining Operational Capabilities?" The Jamestown Foundation, June 7, 2013 〈https://jamestown.org/program/taiwan-military-reform-declining-operational-capabilities/〉.

13） Scott W. Harold, "Making Sense of US Arms Sales to Taiwan," Institut Montaigne, July 2020 〈https://www.institutmontaigne.org/en/blog/making-sense-us-arms-sales-taiwan〉.

14） Kharis A Templeman, "Political Calculations Underlying Cross-Strait Deterrence," Testimony before the US-China Economic and Security Review Commission, February 18, 2021 〈https://www.uscc.gov/sites/default/files/2021-02/Kharis_Templeman_Testimony.pdf〉.

15） Department of Defense, "Military and Security Developments Involving The People's Republic of China 2024," December 2024, p. 165 〈https://media.defense.gov/2024/Dec/18/2003615520/-1/-1/0/MILITARY-AND-SECURITY-DEVELOPMENTS-INVOLVING-THE-PEOPLES-REPUBLIC-OF-CHINA-2024.PDF〉.

16） Kan, *op. cit.*, "Taiwan: Major U.S. Arms Sales Since 1990," p. 2.

17） Shirley Kan, "Next President's Priorities for the Partnership with Taiwan," Global Taiwan Brief, Vol. 5, Issue 22, November 18, 2020 〈https://globaltaiwan.org/2020/11/next-presidents-priorities-for-the-partnership-with-taiwan/〉.

18） 防衛省『平成29年度　防衛白書』137ページ.

19） 防衛政策関係者からの聞き取りによる.

20） United States Department of the Navy and United States Marine Corps, "Littoral Operations in a Contested Environment 2017," p. 16 〈https://www.mca-marines.org/wp-content/uploads/Littoral-Operations-in-a-Contested-Environment.pdf〉.

21） 山口昇「米海兵隊の作戦構想転換と日本の南西地域防衛」『国際情報ネットワーク分析 IINA』笹川平和財団，2021年8月2日 〈https://www.spf.org/iina/articles/yamaguchi_03.html〉.

22） Minnie Chan, "US ground forces test HIMARS long-range rocket launcher in drill with Japan," *South China Morning Post*, July 17, 2021 〈https://www.scmp.com/news/china/military/article/3141075/us-ground-forces-test-himars-long-range-rocket-launcher-drill〉.

23）　防衛省『令和 6 年度　防衛白書』103ページ.

24）　Lawrence Chung, "Taiwan, US count on giant radar system for early warning if PLA attacks," *South China Morning Post*, December 7, 2020 〈https://www.scmp. com/news/china/military/article/3112692/taiwan-us-count-giant-radar-system-early-warning-if-pla-attacks〉.

25）　Chung, *op. cit.* に引用されている欧錫富国防安全研究院研究員の指摘による.

26）　この法律の条文は 〈https://www.congress.gov/bill/113th-congress/house-bill/3979/ text〉を参照せよ.　なお法律の名称の日本語訳としては,国防権限法という用例もある.

27）　Chung, *op. cit.*

28）　Jean-Pierre Cabestan, "France's Taiwan Policy: A Case of Shopkeeper Diplomacy," paper presented at the conference *The Role of France and Germany in Sino-European Relations*, June 2001 〈https://www.sciencespo.fr/ceri/sites/sciencespo. fr.ceri/files/jpcabest.pdf〉.

29）　James Mann, *About Face: A History of America's Curious Relationship with China from Nixon to Clinton*, Vintage Books, 2000, p. 266.

30）　Kent E. Calder, *Asia in Washington: Exploring the Penumbra of Transnational Power*, Brooking Institution Press, 2014, p. 166.

31）　Shirley A. Kan, "Taiwan: Major U.S. Arms Sales Since 1990," pp. 20-24；Congressional Research Service, August 29, 2014, pp. 5-6 〈https://fas.org/sgp/crs/ weapons/RL30957.pdf〉.

32）　ジェフリー・A. ベーダー（春原剛訳）『オバマと中国——米国政府の内部からみたアジア政策——』東京大学出版会，2013年，141ページ〜142ページ

33）　Tanner Greer, "Taiwan's Defense Strategy Doesn't Make Military Sense: But It Does Make Political Sense," *Foreign Affairs*, September 17, 2019 〈https://www. foreignaffairs.com/articles/taiwan/2019-09-17/taiwans-defense-strategy-doesnt-make-military-sense〉.

34）　Luc Wilson, "The State of Taiwanese Defensive Capabilities," Atlas Institute for International Affairs, August 29, 2020 〈https://www.internationalaffairshouse.org/ the-state-of-taiwanese-defensive-capabilities/〉.

35）　David Brunnstrom, "U.S. warns China against Taiwan attack, stresses U.S. 'ambiguity'" *Reuters*, October 8, 2020 〈https://www.reuters.com/article/us-usa-china-taiwan-idUSKBN26T01W〉.

36）　William S. Murray, "Revisiting Taiwan's Defense Strategy," *Naval War College Review*, Vol.61, No. 3, 2008, p. 4 〈https://digital-commons.usnwc.edu/cgi/viewcontent. cgi?article=1814&context=nwc-review〉.

37) Drew Thompson, "Hope on the Horizon: Taiwan's Radical New Defense Concept," War on the Rocks, October 2, 2018 〈https://warontherocks.com/2018/10/hope-on-the-horizon-taiwans-radical-new-defense-concept/〉.

38) Lee Hsi-min and Eric Lee, "Taiwan's Overall Defense Concept, Explained: The concept's developer explains the asymmetric approach to Taiwan's defense," *The Diplomat*, November 03, 2020 〈https://thediplomat.com/2020/11/taiwans-overall-defense-concept-explained/〉.

39) Lawrence Chung, "Taiwan begins mass production of home-grown missile corvettes, minelayers," *South China Morning Post*, May 25, 2019 〈https://www.scmp.com/news/china/diplomacy/article/3011795/taiwan-begins-mass-production-home-grown-missile-corvettes〉.

40) 防衛省『令和2年度　防衛白書』87ページ.

41) 同上，88ページ.

42) 防衛省『令和6年度　防衛白書』100ページ.

43) 同上，88ページ.

44) 松田康博「中台の軍事バランス──中台の安全保障戦略に与える影響──」『日本台湾学会報』第7号，2005年，70〜71ページ〈https://jats.gr.jp/cp-bin/wordpress5/wp-content/uploads/journal/gakkaiho007_05.PDF〉.

45) 五十嵐隆幸「台湾の軍事戦略（1988-2016）──「抑止」のあり方をめぐる指導者たちの煩悶──」『東亜』第650号，2021年，82ページ.

46) Michael A. Hunzeker, Statement before the US-China Economic and Security Review Commission, February 18, 2021 〈https://www.uscc.gov/sites/default/files/2021-02/Michael_Hunzeker_Testimony.pdf〉.

47) Michael J. Lostumbo, David R. Frelinger, James Williams and Barry Wilson, "Air Defense Options for Taiwan: An Assessment of Relative Costs and Operational Benefits," Rand Corporation, April 5, 2016, p. xiv 〈https://www.rand.org/content/dam/rand/pubs/research_reports/RR1000/RR1051/RAND_RR1051.pdf〉.

48) 防衛省『平成29年度　防衛白書』137ページ.

49) 防衛省『令和6年版　防衛白書』102ページ.

50) David F. Helvey, "Closing Keynote Remarks: U.S.-Taiwan Business Council Defense Industry Conference," October 6, 2020 〈https://www.us-taiwan.org/wp-content/uploads/2020/02/2020_october06_david_helvey_dod_keynote.pdf〉.

51) Ian Easton, Mark Stokes, Cortez A. Cooper and Arthur Chan, "Transformation of Taiwan's Reserve Force," Rand Corporation, February 22, 2017 〈https://www.rand.org/content/dam/rand/pubs/research_reports/RR1700/RR1757/RAND_RR1757.

pdf〉.

52）　Easton etc., *op. cit.*, p. 62.

53）　Easton etc., *op. cit.*, p. 63.

54）　Kathrin Hille, "Taiwan Strives to Bolster Forces in Response to Beijing Sabre-Rattling," *Financial Times*, July 11, 2020 〈https://www.ft.com/content/92029f49-3e9a-47b7-b967-2af823f185cd〉.

55）　防衛省『令和 6 年版　防衛白書』100ページ.

56）　Caitlin Doornbos, "US Navy ends 2020 with another Taiwan Strait transit," *Stars and Stripes*, December 31, 2020 〈https://www.stripes.com/theaters/asia_pacific/us-navy-ends-2020-with-another-taiwan-strait-transit-1.656979〉.

57）　John Power, "US warships made 92 trips through the Taiwan Strait since 2007," *South China Morning Post*, May 3, 2019 〈https://www.scmp.com/week-asia/geopolitics/article/3008621/us-warships-made-92-trips-through-taiwan-strait-2007〉.

58）　門間理良「データから読み解く米台の緊密度」『外交』第57号，2019年，29ページ.

59）　"There was one USN P-8A in South China Sea as Liaoning enters the area," *Alert 5*, June 21, 2019 〈http://alert5.com/2019/06/21/there-was-one-usn-p-8a-in-south-china-sea-as-liaoning-enters-the-area/〉.

60）　Thomas P. Ehrhard, "Treating the Pathologies of Victory: Hardening the Nation for Strategic Competition," October 30, 2019 〈Heritage Foundation, https://www.heritage.org/military-strength/topical-essays/treating-the-pathologies-victory-hardening-the-nation-strategic〉.

61）　この法律の条文は〈https://www.congress.gov/bill/116th-congress/senate-bill/1790/text〉を参照せよ.

62）　"France in contact with China over warship's Taiwan Strait passage," *Daily Mail*, April 25, 2019 〈https://www.dailymail.co.uk/wires/reuters/article-6958947/France-contact-China-warships-Taiwan-Strait-passage.html〉.

63）　"2019 Report to Congress of the U.S.-China Economic and Security Review Commission," November 2019, p. 449 〈https://www.uscc.gov/sites/default/files/2019-11/2019%20Annual%20Report%20to%20Congress.pdf〉.

64）　Ralph Jennings, "China's Jets That Crossed into Taiwan Airspace: Not a First; Maybe Not the Last," *Voice of America*, April 3, 2019 〈https://www.voanews.com/a/china-taiwan-airspace/4859810.html〉.

65）　中国国防部「東部戦区連続組織多軍種多方向成体系実戦化演練」2020年 8 月13日〈http://www.mod.gov.cn/power/2020-08/13/content_4869550.htm〉.

66）　中国外交部「2020年9月21日外交部発言人汪文斌主持例行記者会」2020年9月21日
〈https://www.fmprc.gov.cn/web/fyrbt_673021/jzhsl_673025/202009/
t20200921_5419360.shtml〉.

67）　ボニー・グレイザー「台湾への関与強める米国の戦略」『外交』第57号，2019年，21
ページ．

68）　Matthew Strong, "Pentagon sends senior official to Taiwan amid Chinese threats:
Most senior Pentagon visitor to Taiwan in more than a decade," *Taiwan News*,
November 23, 2019 〈https://www.taiwannews.com.tw/en/news/3823182〉.

69）　中華民国総統府「接見『大西洋理事会』訪問団　総統期盼持続与美合作深化夥伴関係」
2018年9月20日 〈https://www.president.gov.tw/NEWS/23684〉.

70）　彦谷貴子「政治インフラとしての軍」久保文明編『アメリカ政治を支えるもの——
政治的インフラストラクチャーの研究——』日本国際問題研究所，2010年，230ページ．

71）　林正義「美国与台湾軍事合作：威脅的評估与因応」林碧炤，林正義編『台湾関係法
30年　美中台関係総体験』巨流図書公司，2009年，203ページ．

72）　Kan, *op. cit.*, "Taiwan: Major U.S. Arms Sales Since 1990," p. 6.

73）　蔡英文政権の幹部から筆者に対する内話による．

74）　Alexander Chieh-cheng Huang, "The United States and Taiwan's Defense
Transformation," The Brookings Institution, February 16, 2010 〈https://www.
brookings.edu/opinions/the-united-states-and-taiwans-defense-transformation/〉.

75）　Randall G. Schriver, "Memo to the Next President: The Inheritance in the Indo-
Pacific and the Challenges and Opportunities for Your Presidency," Project 2049
Institute, December 1, 2020, p. 15 〈https://project2049.net/wp-content/
uploads/2020/12/Memo-to-the-Next-President_Schriver_P2049_201201.pdf〉.

76）　この法律の条文は 〈https://www.congress.gov/bill/114th-congress/senate-bill/2943/
text〉を参照せよ．

77）　Kan, *op. cit.*, "Taiwan: Major U.S. Arms Sales Since 1990," p. 5.

78）　https://www.instagram.com/p/ByItPaxl0ti/?hl=en.

79）　この法律の条文は 〈https://www.congress.gov/bill/115th-congress/house-bill/2810/
text〉を参照せよ．

80）　実際の運営については，高雄に寄港したトーマス・G．トンプソン（Thomas G.
Thompson）号はワシントン大学が，基隆に寄港したサリー・ライド（Sally Ride）号
はカリフォルニア大学サンディエゴ校が，それぞれあたっている．なお後者は，アメ
リカで初めての女性宇宙飛行士にちなんで，命名されている．

81）　この法律の条文は 〈https://www.congress.gov/bill/115th-congress/house-bill/5515/
text〉を参照せよ．なお同法は，故マケイン上院議員を讃えて，マケイン法と通称さ

れている.

82）中国による一方的な埋め立てによって，ファイアリークロス（Fiery Cross）礁（永暑礁）が面積で太平島を上回り，現在では3000メートル級滑走路が建設されている.

83）防衛省「南シナ海情勢（中国による地形埋立・関係国の動向）」令和5年2月, 26ページ〈https://www.mod.go.jp/j/surround/pdf/ch_d-act_b_2023.pdf〉.

84）Asia Maritime Transparency Initiative, "Itu Aba Island," Center for Strategic and International Studies〈https://amti.csis.org/itu-aba-island/〉.

85）防衛省『平成28年版　防衛白書』100ページ.

86）2018年版年次報告書368ページ, 2017年版年次報告書400ページ, 2016年版年次報告書386ページにおいて言及あり.

87）朱明「漢光35電脳兵推22日開打　美軍前太平洋指揮部退役上将已率団抵台」上報（Up Media）, 2019年4月20日〈https://www.upmedia.mg/news_info.php?SerialNo=61704〉.

88）中華民国総統府「総統接見美国智庫『国家亜洲研究局（NBR）』学者専家訪問団」2017年6月7日〈https://www.president.gov.tw/NEWS/21399〉.

89）Kan, *op. cit.*, "Taiwan: Major U. S. Arms Sales Since 1990," p. 7.

90）Kan, *op. cit.*, "Taiwan: Major U. S. Arms Sales Since 1990," p. 5.

91）Jeffrey W. Hornung, "What the United States Wants From Japan in Taiwan," *Foreign Policy*, May 10, 2021〈https://foreignpolicy.com/2021/05/10/what-the-united-states-wants-from-japan-in-taiwan/〉.

92）https://www.mofa.go.jp/mofaj/area/usa/hosho/pdfs/jyoyaku_k_02.pdf.

93）https://www.mofa.go.jp/mofaj/area/usa/hosho/pdfs/jyoyaku_k_03.pdf.

94）Kan, *op. cit.*, "Taiwan: Major U.S. Arms Sales Since 1990," p. 8.

95）1994年にアメリカによる国連信託統治から独立し, 1999年に台湾との国交を樹立した.

96）1998年に台湾との国交を樹立した.

97）2002年に台湾との国交を断絶して中国との国交を樹立したが, 2005年に台湾との国交を再び樹立した.

98）1978年にイギリスから独立して以来, 台湾と一貫して外交関係を有している.

99）1968年にイギリスから独立し, 台湾との国交を樹立した.

100）1951年に中国と国交を断絶した.

101）1941年に中華民国と国交を樹立した.

102）1949年に台湾と国交を樹立した. 1985年に中国と外交関係を開設したが, 1990年に台湾と国交を再び樹立した.

103）1989年に台湾と国交を樹立した.

104）1956年に台湾との国交を樹立した.

105） 1983年にイギリスから独立し，台湾との国交を樹立した．

106） 1979年にイギリスから独立し，1984年に台湾と国交を樹立した．1997年に台湾と国交を断絶して中国と外交関係を開設したが，2007年に台湾と国交を再び樹立した．

107） 1981年に台湾との国交を樹立した．

108） 1957年に台湾との国交を樹立した．

109） "Statement from the Press Secretary on El Salvador," White House, August 23, 2018 〈https://trumpwhitehouse.archives.gov/briefings-statements/statement-press-secretary-el-salvador/〉.

110） Heather Nauert, "U.S. Chiefs of Mission to the Dominican Republic, El Salvador, and Panama Called Back for Consultations," Department of State, September 7, 2018 〈https://2017-2021.state.gov/u-s-chiefs-of-mission-to-the-dominican-republic-el-salvador-and-panama-called-back-for-consultations/index.html〉.

111） 「臺美共同合作，開創聖露西亜投資商機」中華民国（台湾）駐聖露西亜大使館，2019年11月 8 日 〈https://www.taiwanembassy.org/lc/post/4159.html〉.

112） Kathrin Hille, "Pacific islands: a new arena of rivalry between China and the US," *Financial Times*, April 9, 2019 〈https://www.ft.com/content/bdbb8ada-59dc-11e9-939a-341f5ada9d40〉.

113） 詳しくは村上政俊「新たな米中対立――太平洋島嶼国――」東京財団政策研究所，2020年 3 月 〈https://www.tkfd.or.jp/research/detail.php?id=3374〉.

114） 代表処としてワシントンD. C.，弁事処としてニューヨーク，ボストン，サンフランシスコ，ロサンゼルス，アトランタ，シアトル，ヒューストン，シカゴ，ハワイ，デンバー，マイアミ，グアムの合計13か所．

115） "2018 Report to Congress of the U.S.-China Economic and Security Review Commission," p. 346, November 2018 〈https://www.uscc.gov/sites/default/files/2019-09/Chapter%203%20Section%203-%20China%20and%20Taiwan_0.pdf〉.

116） Michael R. Pompeo, "China's Catholics and the Church's Moral Witness," *First Things*, September 18, 2020 〈https://www.firstthings.com/web-exclusives/2020/09/chinas-catholics-and-the-churchs-moral-witness〉.

117） https://twitter.com/secpompeo/status/1307366983890018311.

118） Greg Torode and Jess Macy Yu, "Taiwan courts security ties with bigger friends such as Japan, India as Beijing snatches allies," *Japan Times*, September 14, 2018 〈https://www.japantimes.co.jp/news/2018/09/14/asia-pacific/politics-diplomacy-asia-pacific/taiwan-courts-security-ties-bigger-friends-japan-india-beijing-snatches-allies/〉.

119） "Nigeria ties with Taiwan as it courts China," *Reuters*, January 12, 2017 〈https://

www.reuters.com/article/us-taiwan-nigeria-idUSKBN14W1BI〉.

120）　https://twitter.com/WHNSC45/status/1281313647885799425.

121）　Global Taiwan Brief, Vol. 1. Issue 11, November 30, 2016〈https://globaltaiwan. org/2016/11/30-gtb-1-11/〉.

122）　Calder, *op. cit.*, p. 164.

123）　宮田智之「トランプ外交とシンクタンク——保守派専門家の動向を中心に——」日 本国際問題研究所『トランプ政権の対外政策と日米関係』2020年3月, 25ページ～26ペー ジ〈https://www.jiia.or.jp/pdf/research/R01_US/03_miyata.pdf〉.

124）　Doug Bandow, "Should We Go to War for Taiwan?" Cato Institute, April 15, 2021 〈https://www.cato.org/commentary/should-we-go-war-taiwan〉.

125）　宮田, 前掲「トランプ外交とシンクタンク」29ページ～30ページ.

126）　Michael D. Swaine, Jessica J. Lee and Rachel Esplin Odell, "Toward an Inclusive & Balanced Regional Order: A New U.S. Strategy in East Asia," Quincy Institute for Responsible Statecraft, January 11, 2021〈https://quincyinst.org/wp-content/ uploads/2021/02/A-New-U.S.-Strategy-in-East-Asia.pdf〉.

127）　宮田智之『アメリカ政治とシンクタンク——政治運動としての政策研究機関——』 東京大学出版会, 2017年, 69～70ページ.

128）　"Statement on the Defense of Taiwan," Project for the New American Century, August 20, 1999〈http://militarist-monitor.org/images/uploads/PNAC_Statement_ on_the_Defense_of_Taiwan.pdf〉.

129）　宮田, 前掲「トランプ外交とシンクタンク」26～27ページ.

130）　宮田, 前掲『アメリカ政治とシンクタンク』64ページ.

131）　宮田, 前掲「トランプ外交とシンクタンク」27ページ.

132）　"Open Letter on Donald Trump from GOP National Security Leaders," War on the Rocks, March 2, 2016〈https://warontherocks.com/2016/03/open-letter-on- donald-trump-from-gop-national-security-leaders/〉.

133）　宮田智之「ヘリテージ財団とAEIの所長人事」東京財団政策研究所, 2018年12月12 日〈https://www.tkfd.or.jp/research/detail.php?id=2963〉.

134）　Ryan Hass and Evan S. Medeiros, "Don't squeeze Taiwan," The Brookings Institution, February 7, 2018〈https://www.brookings.edu/blog/order-from- chaos/2018/02/07/dont-squeeze-taiwan/〉.

135）　宮田, 前掲『アメリカ政治とシンクタンク』77～78ページ.

136）　宮田, 前掲『アメリカ政治とシンクタンク』81ページ.

137）　宮田智之「2020年大統領選挙とシンクタンク（1）——民主党候補者争いとの関係 を中心に——」東京財団政策研究所, 2019年4月16日〈https://www.tkfd.or.jp/

research/detail.php?id=3076〉.

138） Josh Rogin, "Opinion: Without Rex Tillerson's protection, a top State Department Asia nominee is in trouble," *Washington Post*, March 15, 2018 〈https://www.washingtonpost.com/news/josh-rogin/wp/2018/03/15/without-rex-tillersons-protection-a-top-state-department-nominee-is-in-trouble/〉.

139） 中華民国総統府「参観雷根総統図書館　総統盼与美共同促進区域穏定和平」2018年8月14日 〈https://www.president.gov.tw/NEWS/23566〉.

140） "Reaffirming the Taiwan Relations Act and the Six Assurances as cornerstones of United States-Taiwan relations," May 16, 2016 〈https://www.congress.gov/bill/114th-congress/house-concurrent-resolution/88〉.

141） "A concurrent resolution reaffirming the Taiwan Relations Act and the Six Assurances as cornerstones of United States-Taiwan relations," July 6, 2016 〈https://www.congress.gov/bill/114th-congress/senate-concurrent-resolution/38〉.

142） 台湾関係法の制定に関する研究としてはたとえばRichard C. Bush, *At Cross Purposes : U.S.-Taiwan Relations Since* 1942, Routledge, 2004, pp. 144-160; 佐橋亮『共存の模索』勁草書房，2015年，199ページ～201ページ; 五十嵐隆幸『大陸と台湾反攻』名古屋大学出版会，2021年，211ページ～214ページ.

143） "Republican Platform 2016," July 18, 2016 〈https://www.presidency.ucsb.edu/documents/2016-republican-party-platform〉.

144） "Republican Platform 2012," August 27, 2012 〈https://www.presidency.ucsb.edu/documents/2012-republican-party-platform〉.

145） John Bolton, "Revisit the 'One-China Policy': A closer U.S. military relationship with Taiwan would help counter Beijing's belligerence," *The Wall Street Journal*, January 16, 2017 〈https://www.wsj.com/articles/revisit-the-one-china-policy-1484611627〉.

146） The Heritage Foundation, "Virtual Event: U.S.-Taiwan Economic Cooperation: Looking Ahead," August 31, 2020 〈https://www.heritage.org/asia/event/virtual-event-us-taiwan-economic-cooperation-looking-ahead〉.

147） David R. Stilwell, "The United States, Taiwan, and the World: Partners for Peace and Prosperity," Department of State, August 31, 2020 〈https://2017-2021.state.gov/The-United-States-Taiwan-and-the-World-Partners-for-Peace-and-Prosperity/index.html〉.

148） 中国外交部「2020年9月1日外交部発言人華春瑩主持例行記者会」2020年9月1日 〈https://www.fmprc.gov.cn/web/fyrbt_673021/jzhsl_673025/202009/t20200901_5419295.shtml〉.

149) 解説として西住祐亮「【アメリカ】国務次官補へのスティルウェル氏の指名承認公聴会」『外国の立法』No.280-2, 国立国会図書館調査及び立法考査局, 2019年〈https://dl.ndl.go.jp/view/download/digidepo_11338362_po_02800216.pdf?contentNo=1〉.

150) https://www.foreign.senate.gov/imo/media/doc/101619_Stilwell_Testimony.pdf.

151) https://www.foreign.senate.gov/imo/media/doc/091720_Stilwell_Testimony.pdf.

152) David Brunnstrom and Humeyra Pamuk, "U.S. increases support for Taiwan, says to counter rising China pressure," *Reuters*, September 1, 2020 〈https://www.reuters.com/article/us-usa-taiwan-dialogue-idCAKBN25R2WJ〉.

153) Hearing before the Subcommittee on East Asian and Pacific Affairs of U.S. Senate Committee on Foreign Relations, "Evaluating U.S. Policy on Taiwan on the 35th Anniversary of the Taiwan Relations Act (TRA)," April 3, 2014, pp. 16-17 〈https://www.foreign.senate.gov/imo/media/doc/040314_Transcript_Evaluating%20US%20Policy%20on%20Taiwan%20on%20the%2035th%20Anniversary%20of%20the%20Taiwan%20Relations%20Act%20 (TRA). pdf〉.

154) https://www.ait.org.tw/u-s-prc-joint-communique-1982/.

155) James R. Lilley with Jeffrey Lilley, *China Hands: Nine Decades of Adventure, Espionage, and Diplomacy in Asia,* Public Affairs, 2004, p. 247-248.

156) "Declassified Cables: Taiwan Arms Sales & Six Assurances (1982)," American Institute in Taiwan 〈https://www.ait.org.tw/declassified-cables-taiwan-arms-sales-six-assurances-1982/〉.

157) Lilley, *op. cit.*, p. 247.

158) なお台湾問題の平和的解決は, 従来からの日本政府の立場でもある. たとえば, 蔡英文総統が2度目の当選を決めた際に発出された外務大臣談話では,「台湾をめぐる問題については, 当事者間の直接の対話により平和的に解決されること, また地域の平和と安定に寄与することを期待します」とされている.「台湾総統選挙の結果について(外務大臣談話)」外務省, 令和2年1月11日 〈https://www.mofa.go.jp/mofaj/press/danwa/page4_005552.html 〉.

159) Jack Detsch, "China Uses Pandemic to Boost Military Pressure on Taiwan," *Foreign Policy*, May 12, 2020 〈https://foreignpolicy.com/2020/05/12/china-coronavirus-military-pressure-taiwan/〉.

160) Richard Haass and David Sacks, "American Support for Taiwan Must Be Unambiguous," *Foreign Affairs*, September 2, 2020 〈https://www.foreignaffairs.com/articles/united-states/american-support-taiwan-must-be-unambiguous〉.

161) Bonnie S. Glaser, Michael J. Mazarr, Michael J. Glennon, Richard Haass and David Sacks, "Dire Straits: Should American Support for Taiwan Be Ambiguous?" *Foreign*

Affairs, September 24, 2020 〈https://www.foreignaffairs.com/articles/united-states/2020-09-24/dire-straits〉.

162）　Stilwell, *op. cit.*.

第4章
政策発信と政策形成
――アメリカの台湾政策を事例とした
　　　　　　　歪情報仮説モデルによる実証分析――

は じ め に

　近年，インターネットやソーシャルメディア，あるいはソーシャルネットワーキングサービス（SNS）の発展によって，公文書や政策担当者の一次情報に対して誰でも容易にアクセスが可能になってきている．これを受けて，政策研究にあたっても，政策担当者によって発信される一次情報に基づいて分析を行っていくことがこれまで以上に重要となる．一般に，新聞などのメディア（情報媒介者）が介在した二次情報よりも，一次情報の方が正確度が高いとされ，であるからこそ一次情報を収集，分析を行うことで，政策研究を行う，あるいは今後の政策形成を予想するといった試みが行われてきた．

　しかし，これまでのほとんどの研究は，各国政府，行政において公文書に記載されている内容や，議会や会談，記者会見での発言などを含む広義の意味での当局者の発言といった一次情報については，それが正しいものであるという前提で議論が組み立てられてきている．たとえば，研究手法として確立されつつあるオーラルヒストリーでは，政治家や外交官といった元当局者が，主な発言者として想定されて，それが原則として正しいものであるとして分析が行われている．

　しかし，公文書の内容や当局者の発言が正しい情報，すなわち真実であるかどうかという点については特段の留保もなく，ある意味では情報の真実性に対して無批判に受け入れられてきた．本研究では，こうした分析アプローチについて，「正情報仮説モデル」（Correct-information Hypothetical Model, CHM）と呼ぶ

こととする.

それでは，公文書の内容や当局者の発言が常に正しいものであるという前提
は，本当に正しいのだろうか．日本を含む民主主義国家においては，権威主義
国家の公文書や当局者発言は，真実のみによって構成されているわけではない
と考えられている．たとえば，2022年2月にウクライナを侵略して以降のロシ
アの当局者から発せられる情報について，その多くが真実ではないと民主主義
国家は受け止めている．その最大の理由は，独裁や専制を行う政権に都合の良
い情報しか発信されず，情報に歪みが生じているためである．他にも，中国政
府が公表している経済指標については，その真実性に関して，かねてより多く
の疑問が寄せられている．

こうした情報の真実性について，歪められた「偽情報」（ディスインフォメーショ
ン，Disinformation）を意図的に発信することへの関心が近年高まってきている．
ディスインフォメーションに関しては，Fallisが基本的な整理を行っている[1].
また，Bennett, Livingstonが民主制度の観点から分析を行い，Marwick, Lewis
が情報操作（media manipulation）について分析を行っている[2].また，Ridは現代
を「偽情報」によって特徴付けている[3].この他，ソーシャルメディア，政治的
分極化と政治的ディスインフォメーションを扱った研究として，Tuckerらの
ものがある[4].

ディスインフォメーションは各国で問題化しており，2016年アメリカ大統領
選挙への影響についてはFaris他が，アメリカ政治の観点からはBenkler,
Faris, Robertsの研究が，2017年フランス大統領選挙への影響については
Ferraraの研究がある[5].こうしたディスインフォメーションへの対策として，
ジャーナリズム教育分野でのハンドブックとして，UNESCO, Ireton, Posetti
による成果が公表されている[6].一方，外交戦略とディスインフォメーションの
関係に関する研究としては，小谷がある[7].また，フェイクニュースからディス
インフォメーションへの変化を捉えた論稿としては，長迫がある[8].この他，国
際法の観点からサイバー攻撃について論じた研究として，中谷，河野，黒﨑が
ある[9].

しかし，真実性の前提について注意を要するのは，権威主義国家に限ったも

のではない．民主主義国家においても，公文書の内容や当局者の発言は，必ずしも真実のみによって構成されているわけではないだろう．真実以外の要素が入り込む原因の1つは，公文書の記録者や発言者としての当局者に，何らかの意図があることが考えられる．たとえば発言者が政治的人物である場合には，政治的な意図に基づきつつ，真実ではない要素を織り交ぜながら発言している場合が考えられる．

戦後日本政治においては，（衆議院の）解散と公定歩合については，内閣総理大臣は嘘をついてもよいと言い習わされてきた．これは一種の政治文化に属するものといえるだろうが，衆議院解散と公定歩合の決定にあたっては，内閣総理大臣の公的な発言が，必ずしも真実ではないということを意味している．

2012年11月14日，野田佳彦総理は，安倍晋三自民党総裁との党首討論で「私は今週末の16日に解散をしてもいいと思っております」と述べ，発言通り11月16日に衆議院解散に踏み切った．ただしこれは，衆議院解散に関する総理発言と実際の政治的実行が合致した例外的な事例であり，一般的には，衆議院解散や公定歩合に関する内閣総理大臣発言は，CHMが当てはまらない事例であるといえよう．

CHMが当てはまらないのは，首相が解散や公定歩合について発言するといった，きわめて限られた場面においてだけであろうか．たとえば政治家は，国会での答弁やメディアの取材に対する回答を応答要領に従って行うことがある．その答弁や回答は，必ずしも正しい情報のみを反映したものではなく，何らかの意図やナラティブに沿って行われるケースが大半である．五百旗頭薫が著書『〈嘘〉の政治史──生真面目な社会の不真面目な政治』の中で述べているように，「嘘についての政治学的な研究は意外に蓄積されていない[10]」．そうした中で，同書は数少ない研究と言えるだろう．五百旗頭は，「情報公開の拡大は必須だが，公の場で全てが語られうるというのは，なお将来の理想である．理想がかなうまでは，空間の重みに耐えて政治家が発する省略話法の存在を認め，それを含味すべきである」と述べている[11]．加えて五百旗頭は，福地櫻痴について論じる中で，「彼の空間は，嘘を一概に排除するものではない．緊張をはらんだ空間で発せられる言葉は，抑制された表現から真意を汲み取る努力を誘うものであ

り，要するに真実そのものではなかった」と述べている[12].

　こうした政治家による情報に省略や歪みが存在することを加味する必要性に関する指摘は，本研究の問題意識と共通する.

　こうしたことから，民主主義国家においても，多くの当局者が政治的あるいは何らかの意図に基づいて，真実ではない発信をしている可能性がある．そうであるにもかかわらず，すでに述べたように，これまでの政策研究は，ほとんどの場合において，政策発信が正しいことを前提として分析がなされてきた．公文書の内容や当局者の発言が正しい情報であるかどうかという点については特段の留保もなく，ある意味では無批判に受け入れられてきた.

　こうした政策にかかる全ての情報発信者が正しい情報を発信していると仮定するCHMは，グレアム・アリソン（Graham Allison）が『決定の本質』（*Essence of Decision*）で示した政策過程の分析モデルの中の，全てのアクターが合理的な判断に基づいて行動すると仮定する「合理的行為者モデル」に近い[13]．しかし，現実には全てのアクターが必ずしも合理的な判断を行うわけではない．そこで，各組織がそれぞれの合理性に基づき，さまざまな制約の中で意思決定を行うと考える「組織過程モデル」や個人同士の力学や駆け引き，思惑などが影響すると考える「政府内政治モデル」が有用である場合がある.

　そのため，政策過程分析と同様に，政策発信や政策決定に関しても，全てのアクターが正しい情報を発信しているわけではなく，情報発信者それぞれの合理性やさまざまな制約，組織や個人同士の力学や駆け引き，思惑などによって歪められた情報を発信しているとの仮定に立脚した分析モデルが必要である.

　また，こうした政策発信や政策決定は，国内における政策のみならず外交政策にも当てはまる．必ずしも真実ではない発言や情報の発信者としては，政治家のみならず外交官を含む官僚も想定される．一般的に，官僚は，時の政権や政治家の考えを忖度して答弁や資料を作成する一方で，過去との連続性や組織の利益（省益）を意識した情報を時の政権や政治家，あるいは国民に対して発信する誘因があると考えられている.

　ベルギーの元外交官で同国の駐米大使を務めたヨハン・ベルベッカ（Johan Verbeke）は，近代外交の実務について記すために，"Diplomacy in Practice"

を著した．同書は嘘や偽情報を直接的に取り上げているわけではないが，「信頼は報われるべきであり，欺瞞（deceit）は相手に報いをもたらすべきだ」と記されており，本研究に対するヒントが示されている[14]．

ただし，ベルベッカは，原則を法的原則と外交的原則の2つに大別し，信頼については後者に分類し，外交的原則については「国際法の原則と比較すると，強力な学理上の根拠（doctrinal basis）を持たない」として，「外交的慣行から生まれた」と述べている[15]．また，信頼の対極に位置付けられている欺瞞についても，あくまでも，外交的慣行から生じた外交的原則の範疇に入ると考えられる．しかし，それが外交的原則に基づくものであろうとなかろうと，歪んだ情報の発信が行われる可能性を想定することが肝要であろう．

Giusti, Pirasによれば，「誤情報」は情報として不完全，誤解を招く，または曖昧であるのに対して，「偽情報」（ディスインフォメーション）は，意図的な虚偽（purposeful untruth）によって構築されていると定義できるという[16]．誤情報（misinformation）については，情報としての完全性に何らかの欠落があるという定性的な評価が下されている．一方，偽情報については，情報に意図が混入しているという面に着目する必要がある．これに対して，フェイクニュース（fake news）については，人々の知性よりも感情に直接的に訴え，武器化されているとしている[17]．また，フェイクニュースは民主的プロセスにとって脅威であり，プロパガンダとも似た方法で用いられ得るという[18]．

こうした意図的な虚偽発信について，同書は「国際関係や安全保障研究において，一定期間，無視されてきたが，最近になって復活した」と指摘する[19]．ディスインフォメーションが再度注目されるようになってからまだ日が浅く，関連分野における研究蓄積にも限りがある．

そこで本研究では，公文書の記載内容や当局者発言について，一部もしくは全部が真実ではなく，何らかの意図に基づいて記載されたり発信されたりしており，情報が歪められているという仮定に立つ分析アプローチを新たに提唱したい．この分析アプローチを，本研究では「歪情報仮説モデル」（Distorted-information Hypothetical Model, DHM）と呼ぶ．

以下，本章では，DHMの定式化を試みた上で，アメリカの台湾政策を事例

として実証分析を行う．具体的には，アメリカの台湾政策に関して，2022年8月のペローシ下院議長の訪台という事例に対して，CHMとDHMのアプローチを適用し，実際に生起した現象に対して与えられる説明にどのような違いがあるのかを分析することで，DHMの有用性について論じていく．

1　歪情報仮説モデル

　まず，政策担当者の簡便な情報モデルを考えよう．ここで政策担当者は，首相や大統領といった政治的なリーダーと考えてもよいし，首相や大統領の方針に基づいて行動する官僚と考えてもよい．ある事象が発生したとき，政策担当者は2つの選択肢を有する．すなわち，事象を正しく発信する対応と歪めて発信する対応である．ここで「正しい」とは絶対的な真実を意味しない．あくまでも，政策担当者側から認知された事象の実際である．同じ事象であっても，視点が異なれば認知される「正しい」は複数あると考えるべきであろう[20]．

　このとき，事象を正しく発信する場合の便益をU^Cとしよう．一方で歪めて発信する場合の便益をU^Dとしよう．ここでの便益（国益）は究極的には個人の便益，すなわち国民一人ひとりの便益であると考える．ただし，政治的なリーダーであれば，国益を確保することによって，志の成就はもちろん再選といった個人の便益にも繋がると考えられる．あるいは官僚であれば，国益を確保しようとするリーダーの方針に従うことで，人事的な評価が得られるかもしれないといった個人の便益にも繋がるだろう．

　このとき，U^CとU^Dとは必ずしも大小関係は明確ではない．ただし，歪めて発信した場合の方が高い便益を生む場合は多く存在する．たとえば，公定歩合の上下について政治的なリーダーが逡巡している場合，上げようという意識が卓越しているとき，あるいは下げようとの意識が卓越しているときが存在し，意識の実際をその都度正しく発信してしまうと，市場に大きな混乱を生むことになる．この場合は「今考えていることはない」といったある種の歪めた発信をすることによって，安定した市場という国益を得ることができ，それが当の政治的なリーダーの便益に繋がる．

ただし，重要な政策判断については，事象発生後すぐ，様々な検証が試みられることとなる．たとえば日本の首相の判断とそれに基づく政策発信であれば，国会等で答弁を求められることとなる．仮に発信内容が歪められたものであると判明した場合は，相応の費用を負担しなければならない．これはたとえば政治的な地位を失う，といった費用である．この費用をCとしよう．ただし，正しかったか歪められたかは常に明らかにされるわけではない．ここで，正しかったか歪められたかが判明する確率をpとしよう．[21]

すると，図1のような簡便なモデルが構築できる．政策担当者が正しく発信を行った場合は，U^Cという便益が得られ，歪めた発信を行った場合は，$U^D - pC$という便益が得られる．政策担当者が合理的であれば，$U^C > U^D - pC$のとき正しく発信し，その逆のとき歪めて発信することとなる．このように考えると，U^DがU^Cと比べて十分に大きいとき，あるいは，$U^D > U^C$でかつ確率pが小さいか，費用Cが小さいか，またはその両方が小さい場合は，政策担当者は歪めて発信することを選択するであろう．

具体的な例は，どのように考えられるであろうか．たとえば，政治的なリーダーの特命的な指示に基づいて，ある官僚が他国と秘密交渉をしているとしよう．交渉は1対1で行われており，政治的なリーダーの特命的な指示を知るものは，政治的なリーダーと当該担当者の2名だけであるとしよう．また，この秘密交渉は妥結すれば大きな国益が得られるものの，交渉自体が明らかになってしまう場合は，妥結できなくなってしまうものであると考えよう．このとき，政治的なリーダーが記者会見において，当該国との交渉の事実関係を問われたときは，どのように発信するのが合理的であろうか．この場合は，交渉妥結に

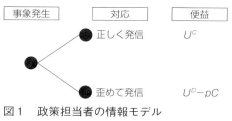

図1　政策担当者の情報モデル
出典：筆者作成．

よって国益が得られ，かつ交渉の事実公表によって妥結できなくなることを考えれば，$U^D > U^C$である．また関係者がきわめて少ないことを考えれば，正しかったか歪められたかが判明する確率pも小さいと考えられる．すると，政治的なリーダーは「交渉の事実はない」と歪めた発信をすることが合理的になりうる．

このように考えると，歪めた発信をすること自体の倫理的な評価を無視すれば，歪めた発信を選択する場合は少なくないだろうことが想定できる．ここで重要なことは，歪めた発信を選択したときに得られる便益U^Dは，個人の便益ではあるものの，それが国益に基づく場合もあるということである．市場に大きな影響を与えうる政策や他国との外交政策などはその好例となる．

このとき，第三者は事象をどのように観察すべきであろうか．すなわち政策研究において，政策担当者による発信情報をどのように分析し評価し，予測すればよいのであろうか．この点については，政策担当者の選択肢と同様に，2つのアプローチが必要であろう．この2つのアプローチこそが，発信された情報を正しいものと捉えて立論するアプローチと，歪められたものと捉えて立論するアプローチである．前者がCHMであり，後者がDHMである．

発信の正歪が明らかになることは必ずしも多くない．特にこれまで議論してきたように，真実が明らかになる確率pがきわめて小さい場合は，歪んだ発信が行われやすい一方で，正歪が明らかになることは稀である．だからこそ，歪情報仮説アプローチ（DHM）が重要になる．

すなわち，DHMは以下のような接近である．特に正歪の判断が難しい事象においては，立論の出発点となる政策担当者の発信を歪情報であると仮定し，それに基づいて政策評価を立論していこうとするアプローチである．このアプローチをとることで，従来から主流となっているCHMとは異なる帰結を得ることができる．このことは，政策予測の観点からは，予測に信頼感を与えることを意味する．すなわち，未来はCHMによる予測とDHMによる予測との間に収まる蓋然性が高くなることを意味する．このようにDHMを構築することは，政策評価あるいは政策予測の観点からきわめて有意義であるといえる．ここで歪情報とは，もとある情報が，歪められて発信されている情報を指してい

る．偽情報に近いものの，真実が一部に含まれている可能性がある．

　なお，五百旗頭は前掲書の中で「何が嘘であったかを確認することはしばしば難しい」とする一方で，嘘の種別の１つとして「必死の嘘」を挙げ，「見抜かれまいと政治家が懸命に隠す嘘」であるとし，「ばれるとその政治家に対する制裁が予想される」としている[22]．これは，本研究で検討するDHMにおいて，費用としてCを想定することと類似する考え方である．加えて，五百旗頭は「永遠にばれない嘘であれば，ばれるほどの問題が生じていないのであるから，そもそも問題がないともいえる」と述べている[23]．この点は，本章において正か歪かが判明する確率をpと措定しており，もしpがゼロならば費用Cもゼロとなり，五百旗頭の指摘と重なる[24]．

　以下，次節では，アメリカの対台湾政策を事例として，歪情報仮説アプローチ（DHM）を用いて，情報が歪められて発信される可能性とそうした歪情報発信が従来からの政策変更を伴うものである可能性について検討していきたい．

2　実　証　分　析

（1）　背　景

　ここでは，前節までで議論してきた，CHMとDHMを用いて，事例としてアメリカの台湾政策をとりあげ，その接近の有効性を示したい．なお，アメリカの台湾政策に関する先行研究としては，以下を挙げることができる．米台関係が整理された研究，論考としては，BushやKan, Morrisonによるものがある[25]．バイデン政権以降の台湾政策に関する代表的な研究としては，佐橋が挙げられる[26]．また，近年フォーリンアフェアーズ誌上で，戦略的曖昧性の見直しを求めたHaass, Sacksの論考がある[27]．この他，台湾有事に関しては，戦略国際問題研究所（CSIS）から公表されたCancian, Cancian, Heginbothamの報告書がある[28]．

　アメリカの台湾政策にとって，1995年から1996年にかけての第三次台湾海峡危機以来，今世紀で最も大きな政治的イベントが，ペローシ（Nancy Pelosi）米国下院議長の台湾訪問である．2022年８月２日，ペローシ議長はアメリカ軍機

に搭乗して台北を訪問し，翌3日に蔡英文台湾総統と会談した.

　当初，ペローシ下院議長は同年4月に台湾を含むアジアへの訪問を予定していた．しかし，新型コロナウィルス検査での陽性反応を理由に訪問を延期した[29]．同年夏，ペローシ訪台が再び取り沙汰されるようになり，7月28日には，バイデン大統領が習近平国家主席と電話会談した際，習主席は「火遊びをすれば必ず自らを焼く」と述べた[30]．こうした中国側の牽制にもかかわらず，ペローシ下院議長は8月2日に台湾を訪問した.

　ペローシ下院議長は，1987年の初当選以来，2度にわたって下院議長を務めており，民主党の重鎮である．同氏は1991年に，北京の天安門広場で中国の民主化を讃える横断幕を掲げるなど，以前から中国に厳しい姿勢を示すことで知られていた[31]．ただし，訪台にあたってペローシ下院議長は，「訪問は，長年のアメリカの政策と決して矛盾しない」とする声明を発表した[32].

　アメリカ首脳級の台湾訪問はきわめて珍しく，米台断交（米中国交正常化）以降，大統領の訪台は無く，また首脳会談も実施されていない．副大統領についても，訪台の実績はない．大統領継承順位第2位である下院議長については，1997年に当時のギングリッチ下院議長が訪問して以来，四半世紀にわたって訪問は実施されていない.

　7月20日，バイデン大統領が，ペローシ下院議長の訪台について「軍はいまのところ，それはよいアイディアではないと考えていると思う」と述べたことを受けて，アメリカ内外のメディアでは，米政府内で必ずしも好意的に評価されていないという解釈がこれまで通説となってきた[33].

　そこで，まずはこのアメリカの台湾政策における近年の最も大きなイベントであるペローシ下院議長訪台に伴うバイデン大統領の発言を取り上げ，正情報仮説モデルと歪情報仮説モデルの2つのアプローチから分析してみよう.

　まずは正情報仮説モデルに基づいて，検討を加える．次に，本研究で提示している歪情報仮説モデルを適用すると，2つのパターンに分けることができるだろう．1つ目のパターンが，バイデン大統領が正情報を発信している場合であり，2つ目のパターンは，歪情報を発信している場合である.

第 4 章 政策発信と政策形成 *145*

（2）　先行研究による評価

ペローシ下院議長の訪台については，多くの研究によって評価が試みられている．たとえば佐橋は，ペローシ訪台について「夏の訪問が具体化してくると，政府との軋轢が生じていく」と記述しており，「バイデンも 20 日には米軍に慎重論があるという言い方で反対を示唆した」と分析している[34]．またこのような分析に基づいて，「変化が起きていない点，注目があたりづらい点にも注目することでこそ，問題の本質には迫れる」として，アメリカの台湾政策の継続性を強調している[35]．

アメリカで近年定評のある政治報道サイト Politico は，「ホワイトハウスとペローシの台湾をめぐる衝突が明らかに」と題する記事を，ペローシ訪台以前に配信した[36]．同記事は，ペローシが推進していた台湾訪問について，両者が異なる考えを有しているとの見方に基づいている．そのため，記事ではバイデン大統領とペローシ下院議長は，いずれも民主党に所属しているが，両者の相違が強調された．

本章で用いているモデルに則するならば同記事は，バイデン発言は正情報であるという立場から書かれたものであったと評価できよう．別の表現を用いるならば同記事は，正情報仮説モデル（CHM）に基づいて立論されているといえる．

（3）　モデル分析

それでは，バイデン大統領は歪情報を発信する動機はあり得るであろうか．前節のモデルに基づいて検証してみよう．まず，改めてバイデン大統領の発言をみてみよう．バイデン大統領は，"I think that the military thinks it's not a good idea right now." と述べている．直訳すると「私は『軍は，それ（ペローシ訪台）は今は良い考えではない，と考えている』と考えている．」となっており，「軍の考え」についての自身の認識を公表している．

このバイデン大統領の「軍は，それ（ペローシ訪台）は今は良い考えではない，と考えている」という発信の正歪がCHMあるいはDHMによる分析対象となろう．もちろん，軍の認識を大統領が誤って捉える場合もあり得るものの，今回の事例については，軍にとってもきわめて重要な事象であり，大統領が軍の

最高司令官であることも踏まえれば，軍の認識が大統領に誤って伝わっている可能性はきわめて小さい．すなわち，CHMに基づけば，「軍は否定的だ」という発信となり，DHMに基づけば，「軍は（本当は肯定的であるけれども，それを歪めて）否定的だ」という発信となる．なお，バイデン発言の解釈によっては，正情報とも歪情報とも，いずれにもとれるであろう点にも，注意を要するだろう．

　ここで仮に，「軍は否定的だ」ということが歪情報だとする場合，すなわち実際は「軍は肯定的だ」とする場合を考えてみよう[37]．このとき，正情報である「軍は肯定的だ」を発信することから得られる便益U^Cは，「アメリカの国益」という便益から「中国の大きな反発」という費用を差し引いたものになるはずである．一方で，歪情報である「軍は否定的だ」を発信することから得られる便益U^Dは，この場合は中国の反発は和らげられるので，「アメリカの国益」のみとなる．ただし，強いアメリカを発信することに国益があるとすれば，歪情報発信の場合の国益は幾分小さくなるかもしれない．

　ここで，正しかったか歪められたかが判明する確率pはどうであろうか．この事例では，軍の高官が「私は大統領にそのようには申し上げていない」といったように否定する場合が考えられ，必ずしも小さいとはいえないであろう．一方で，発信が歪情報であることが判明したときの費用Cも大きくはないと考えられる．これはバイデン大統領の発言が間接話法であり，すなわち，「軍の考え」についての自身（大統領）の考えを述べているにすぎず，一般的に誤解があり得るからである．また，バイデン大統領が高齢であることも考えれば，認識違いであることもあり得る．このことから，発信が歪情報であることが判明したときの費用Cは大きくないだろうと考えられる．これを整理すると以下の通りとなる．

$$U^C = 「アメリカの国益」－「中国の大きな反発」$$
$$U^D = 「弱いアメリカの国益」$$
$$pC = 「小さい期待費用」$$

　ここで，「中国の大きな反発」は非常に大きいものであると考えられるため，明らかに$U^C < U^D$であろう．また，pCは必ずしも大きいとは考えられないため，

$$U^C < U^D - pC$$

となる場合が想定される．このように考えると，バイデン大統領は歪情報を発信する動機は十分にあり，「軍は否定的である」という発信が歪情報である可能性も十分あると言えよう．

（4） 実証分析

そこで，この発言をCHMとDHMとで比較分析してみたい．まずCHMに基づいて発言を分析してみよう．「軍は否定的だ」という発信が正情報だとすれば，少なくとも軍は，ペローシ訪台を評価していないことになる．このことは，軍とペローシ下院議長との間で，政策の志向に不一致があるということである．ペローシ下院議長は，25年ぶりの米国下院議長による訪台によって，米台関係をより緊密にしたいという意向があると考えられる．中国の反発がある中での訪台であることも考えると，台湾をめぐる緊張が高まることが予想され，アメリカの台湾政策の変更に繋がる可能性があると言える．軍はこの点について否定的であることから，少なくとも軍は，台湾をめぐって緊張を高め，台湾政策を変更することを志向していないと評価できるであろう．このような評価が，一般的な理解や先行研究による解釈に繋がっている．

次に，DHMに基づいて発言を分析してみよう．「軍は否定的だ」という発信が歪情報だとすれば，CHMとは逆に，少なくとも軍は，ペローシ訪台を評価していることになる．すなわち，軍は台湾政策の変更を志向あるいは容認していると考えられる．特に，バイデン大統領が，あえて軍を主語にした発信をしていることを考えると，その発信は戦略的に行われたものであると理解できる．つまり，軍だけではなく，ホワイトハウスや国務省も，台湾政策の変更を志向あるいは容認している中で，これをカモフラージュするために，自身ではなく軍を主語にしている可能性も指摘できる．ここから敷衍して述べれば，ペローシ訪台計画が，バイデン政権の台湾政策変更と軌を一にして，戦略的に行われている可能性も指摘することができ，その際の中国の反発を緩和するために，歪情報を発信したと考えることができる．

おわりに

　ここで本章執筆時点から振り返って評価してみたい．アメリカはその後，オースティン（Lloyd Austin）国防長官が下院歳出委員会国防小委員会で「州兵が台湾のパートナーと協力し，多くの分野で技能を向上させている」と述べるなど，台湾との協力関係を強化してきている[38]．2023年３月には蔡英文総統がニューヨーク及びロサンゼルスを訪問し，ロサンゼルス郊外のレーガン大統領図書館でマッカーシー（Kevin McCarthy）下院議長（共和党カリフォルニア州選出）と会談を行った．このように考えると，アメリカの台湾政策は少なくとも現時点では，何らかの変更が加えられていると考えることも可能であろう．もちろんこの点については，本章の主題ではなく，確定的な結論を得ることはできない．

　しかし，ペローシ訪台計画に対するバイデン発言に，CHMを当てはめると，ペローシと米軍の間で，考え方の不一致が生じていたという帰結になり，ここからアメリカの台湾政策の変更を読み取ることはできない．

　これに対して，DHMを用いると，異なる帰結を導くことができる．すなわち，当時の発信に基づいて，アメリカの台湾政策は変更されている可能性があるという帰結（仮説）にたどり着くことができる．現時点において，アメリカの台湾政策に変更があった可能性も想定されることと考え合わせると，CHMとともにDHMによる検討を行うことは，政策評価や政策予測に有用であると考えられる．ただし，DHMを適用しても，アメリカのペローシ訪台計画に対する評価について，確定的に述べることはできないことには留意が必要であろう．すなわち，ペローシ訪台時点において政策変更があったかどうか，あるいは，この発信が歪情報であったかどうかの帰結を得ることはできない．しかし，本実証分析の結果として，DHMによって，歪んだ政策発信がなされている可能性を指摘するとともに，政策変更の可能性という帰結を導くことができ，このアプローチが有用であることが明らかとなった．

付記

　本章は，『嘉悦大学研究論集』第66巻第１号（通巻123号, 2023年）掲載の村上政俊・土屋貴裕・真鍋雅史「政策発信と政策形成──米国の台湾政策を事例とした歪情報仮説モデルによる実証分析──」が初出である．

注

1 ）　Don Fallis, "What Is Disinformation?" *Library Trends*, Vol. 63, No. 3, 2015, pp. 401-426 〈https://www.semanticscholar.org/paper/What-Is-Disinformation-Fallis/ea6c66585c2083cfe8c71b351c161ab746cca69e〉.

2 ）　W. Lance Bennett and Steven Livingston, "The disinformation order: Disruptive communication and the decline of democratic institutions," *European Journal of Communication*, Vol. 33, No. 2, 2018, pp. 122-139 〈https://journals.sagepub.com/doi/abs/10.1177/0267323118760317?journalCode=ejca〉; Alice Marwick and Rebecca Lewis, "Media Manipulation and Disinformation Online," Data & Society Research Institute, 2017 〈https://apo.org.au/sites/default/files/resource-files/2017-05/apo-nid135936.pdf〉.

3 ）　Thomas Rid, *Active Measures: The Secret History of Disinformation and Political Warfare*, Farrar Straus & Giroux, 2020.

4 ）　Joshua A. Tucker, Andrew Guess, Pablo Barberá, Cristian Vaccari, Alexandra Siegel, Sergey Sanovich, Denis Stukal and Brendan Nyhan, "Social Media, Political Polarization, and Political Disinformation: A Review of the Scientific Literature," 2018 〈https://ssrn.com/abstract=3144139〉.

5 ）　Robert Faris, Hal Roberts, Bruce Etling, Nikki Bourassa, Ethan Zuckerman and Yochai Benkler, "Partisanship, Propaganda, and Disinformation: Online Media and the 2016 U.S. Presidential Election," Berkman Klein Center Research Publication, 2017 〈https://ssrn.com/abstract=3019414〉; Yochai Benkler, Robert Faris and Hal Roberts, *Network Propaganda: Manipulation, Disinformation, and Radicalization in American Politics*, Oxford University Press, 2018; Emilio Ferrara, "Disinformation and Social Bot Operations in the Run Up to the 2017 French Presidential Election," 2017 〈https://arxiv.org/abs/1707.00086〉.

6 ）　UNESCO, Cherilyn Ireton, and Julie Posetti, eds, "Journalism, 'Fake News' & Disinformation: Handbook for Journalism Education and Training," 2018 〈https://en.unesco.org/sites/default/files/journalism_fake_news_disinformation_print_

friendly_0.pdf〉.

7 ）　小谷賢「外交戦略としてのディスインフォメーション——影響力を増すサイバー空間——」『中央公論』第135巻第 5 号，2021年 5 月，42-49ページ.

8 ）　長迫智子「今日の世界における『ディスインフォメーション』の動向——"Fake News" から"Disinformation" へ」笹川平和財団，2021年 2 月〈https://www.spf.org/iina/articles/nagasako_01.html〉.

9 ）　中谷和弘・河野桂子・黒﨑将広『サイバー攻撃の国際法——タリン・マニュアル2.0の解説——』信山社，2018年.

10）　五百旗頭薫『〈嘘〉の政治史——生真面目な社会の不真面目な政治——』中央公論新社，2020年，viiiページ.

11）　同上，58ページ.

12）　対立がより大きな対立をもたらし，危機がより大きな危機へと増幅する．福地は，悪循環の発生を制御しようとした．同上，61ページ.

13）　グレアム・アリソン，フィリップ・ゼリコウ（漆嶋稔訳）『決定の本質——キューバ・ミサイル危機の分析—— 1 〔第 2 版〕』日経BP，2016年.

14）　Johan Verbeke, *Diplomacy in Practice,* Routledge, 2023, p. 122.

15）　Ibid., p. 121.

16）　Serena Giusti and Elisa Piras eds., *Democracy and Fake News: Information Manipulation and Post-Truth Politics,* Routledge, 2021, p. 2.

17）　Ibid., p. 65.

18）　Ibid., p. 69.

19）　Ibid., p. 2.

20）　たとえば皮肉を込めて褒め言葉を発したとき，その対象が皮肉を解さなければ，褒めた側は貶したと認知し，褒められた側は褒められたと認知するであろう.

21）　あるいは，相当の時間が経過してから，たとえば当事者の死後に正しかったかどうかが明らかになる場合もある．ここで正しかったか歪められたかが判明する確率は，当事者の便益に影響する期間内において判明する確率と考えよう.

22）　五百旗頭，前掲『〈嘘〉の政治史』37-38ページ.

23）　同上，38ページ.

24）　なお，同書における五百旗頭の関心は，筆者自身が「『必死の嘘』ではなく『横着な嘘』を主敵にした」と述べているように，「必死の嘘」ではなく，別種の嘘である「横着な嘘」に集中している（『〈嘘〉の政治史』41ページ）．後者は「見る人が見れば嘘であり，指摘する声もあるのだが，嘘を語る政治家に権勢があったり，支持する人々が多かったりするために，公にまかり通ってしまう」という（同上，38ページ）．この点は本書とは異なる問題意識からの考察であり，本書の射程外である.

25）　Richard C. Bush, *At Cross Purposes : U.S.-Taiwan Relations Since 1942*, Routledge, 2004; Shirley A. Kan and Wayne M. Morrison, "U.S.-Taiwan Relationship: Overview of Policy Issues," Congressional Research Service, December 11, 2014〈https://sgp.fas.org/crs/row/R41952.pdf〉.

26）　佐橋亮「アメリカの台湾政策（2022）」日本国際問題研究所『国際秩序の動揺と米国のグローバル・リーダーシップの行方』2023年3月，95-105ページ〈https://www.jiia.or.jp/pdf/research/R04_US/01-09.pdf〉．また，バイデン政権による台湾に対する一連の関与を戦略的重要性の観点から整理したものとして，村上政俊「強まる米国の台湾への関与──バイデン政権にとっての戦略的重要性──」『外交』第67号，2021年，30-35ページを参照されたい．

27）　Haass and Sacks, "American Support for Taiwan Must Be Unambiguous," *Foreign Affairs*, September 2, 2020〈https://www.foreignaffairs.com/articles/united-states/american-support-taiwan-must-be-unambiguous〉.

28）　Mark F. Cancian, Matthew Cancian, and Eric Heginbotham, "The First Battle of the Next War: Wargaming a Chinese Invasion of Taiwan," Center for Strategic and International Studies, January 9, 2023〈https://www.csis.org/analysis/first-battle-next-war-wargaming-chinese-invasion-taiwan〉.

29）　Annie Grayer, Kevin Liptak, Clare Foran and Kristin Wilson, "Nancy Pelosi postpones Asia trip after testing positive for Covid-19," CNN, April 8, 2022〈https://edition.cnn.com/2022/04/08/asia/nancy-pelosi-covid-19-taiwan-us-asia-intl-hnk/index.html〉.

30）　中国外交部「習近平同美国総統拝登通電話」2022年7月29日〈https://www.fmprc.gov.cn/web/gjhdq_676201/gj_676203/bmz_679954/1206_680528/xgxw_680534/202207/t20220729_10729582.shtml〉.

31）　Andrew Desiderio, "Pelosi and China: The making of a progressive hawk," *Politico*, July 28, 2022〈https://www.politico.com/news/2022/07/28/pelosi-china-taiwan-00048352〉.

32）　Nancy Pelosi, "Pelosi, Congressional Delegation Statement on Visit to Taiwan," Aug 2, 2022〈https://pelosi.house.gov/news/press-releases/pelosi-congressional-delegation-statement-on-visit-to-taiwan〉.

33）　バイデン大統領は "Well, I ─ I think that ─ the military thinks it's not a good idea right now, but I don't know what the status of it is." と述べた. White House, "Remarks by President Biden After Air Force One Arrival," July 20, 2022〈https://www.whitehouse.gov/briefing-room/speeches-remarks/2022/07/20/remarks-by-president-biden-after-air-force-one-arrival-5/〉.

34）　佐橋，前掲「アメリカの台湾政策」，98ページ．

35）　同上，95ページ．

36）　Lara Seligman, and Andrew Desiderio, "White House clash with Pelosi over Taiwan spills into the open," *Politico*, July 22, 2022 〈https://www.politico.com/news/2022/07/22/white-house-pelosi-taiwan-trip-00047304〉．

37）　いうまでもなく，「軍が否定的である」が正情報の場合は，それをそのまま発信しているため，ここであえてモデル分析を行う必要性は小さい．

38）　House Committee on Appropriations, Subcommittees on Defense, "Budget Hearing – Fiscal Year 2024 Request for the Department of Defense," March 23, 2023 〈https://appropriations.house.gov/events/hearings/budget-hearing-fiscal-year-2024-request-department-defense〉．

終　章

「歪情報」から読み解くアメリカの台湾政策
── トランプ2.0を迎えて ──

は じ め に

　先行研究の分析によって，アメリカの台湾政策について，研究蓄積が乏しいという点をまず明らかにし，本書において検討対象とすることの意義を明らかにした．

　第2章および第3章では，歴代政権の台湾政策を踏まえつつ，特にトランプ政権期について検討した．アメリカの台湾政策について考察するにあたり，どのようなアクターを検討対象にすべきか．大統領そして大統領を支える連邦政府に対して，まずは注目する必要があるだろう．だが果たしてそれだけで，アメリカの台湾政策について，的確に捉えることができるのか．こうした問題意識に基づいて，第2章および第3章での分析を進めた．

　第4章における問題意識の出発点は，公文書の内容や当局者の発言が常に正しいものであるという前提は，本当に正しいのだろうかという点だ．これまでの政策研究では，ほとんどの場合において，政策発信が正しいことを前提として分析がなされてきた．公文書の内容や当局者の発言が正しい情報であるかどうかという点については特段の留保もなく，ある意味では無批判に受け入れられている．また，ディスインフォメーションをはじめとして，歪められた情報を意図的に発信する情報戦への注目が近年高まってきており，「正しい」とされている情報の真実性に対する疑問も呈されるようになりつつある．

1 本研究の概要

　第2章と第3章では，大統領および連邦政府だけではなく，連邦議会やシンクタンクが，台湾政策において果たす役割について，検討した．連邦政府以外のアメリカ政治のアクターをも検討対象としたことが，本書の特徴である．シンクタンクがアメリカ政治において果たす役割については，アメリカにおいてさえも，ほとんど研究が蓄積されていないのが現状だ．

　加えて，米台間での要人往来をめぐっては，アメリカ連邦政府の高官による台湾訪問について，閣僚訪台も含めて，詳述した．さらには，アメリカによる台湾へのコミットメントの中核である武器売却に着目して，考察した．

　第4章では，政策発信が正しくなされていると想定する「正情報仮説モデル」に対して，歪められた政策発信がなされる可能性を想定した「歪情報仮説モデル」の定式化を試みた．加えて，アメリカの台湾政策を事例として，実証分析を行った．具体的には，2022年8月のペローシ下院議長の訪台という事例に対して，歪情報仮説モデルをあてはめて，実証分析をおこなった．

2 政策的含意

　第2章および第3章での検討によれば，アメリカの台湾政策に関しては，連邦政府の政策のみに焦点を当てるのでは，不十分といわざるをえない．アメリカ合衆国憲法の規定を踏まえれば，連邦議会は，外交政策に対する影響力を有している．したがって，台湾政策においても，連邦議会の動向が影響を与えている．連邦政府に加えて，連邦議会等の働きによって，台湾政策の推進力が高まっていったことを明らかにした．加えて，台湾側の要人による訪米に関連して，アメリカ側の反応について検討し，そこに込められたアメリカの政策発信について，浮き彫りにした．

　第4章では，正情報仮説モデルと歪情報仮説モデルを適用し，実際に生起した現象に対して与えられる説明にどのような違いがあるのかを分析すること

で，歪情報仮説モデルの有用性について論じた．分析の結果，歪情報仮説モデルを適用することによって，正情報仮説モデルだけでは辿り着くことができなかった政策変更の可能性について指摘することができ，本モデルの有用性が示された．

3　結びにかえて

本研究では，ペローシ訪台計画に対するバイデン大統領発言という事例に，分析を加えた．事象発生時点において考えると，正情報仮説モデルだけでは，政策変更という論理的帰結には至らない．一方で，歪情報仮説モデルを用いることによって，政策変更があったことが示唆される．

このように，正情報仮説モデルでは，当局者による発信を真実としたことから，現実に生起した事象について，整合的に説明することができなかった．一方で，歪情報仮説モデルを適用すると，こうした問題点が解消されたといえよう．同様に，これまでの正情報仮説モデルでは必ずしも十分に説明できなかった公文書や当局者発言について，歪情報仮説モデルを用いることによって整合的説明が可能となる．

第4章で明らかとなったように，正情報仮説モデルだけを適用しても，政策変更の可能性について示すことはできない．一方，歪情報仮説モデルを使用すれば，政策変更の可能性を示唆することが可能である．こうした点に，歪情報仮説モデルの有用性が認められる．

ただし，これは正情報仮説モデルを否定するものではない．正情報仮説モデルとともに歪情報仮説モデルを併用することによって，予測に幅を持たせることが可能となっている．よって正情報仮説モデルの単独アプローチよりも，非常に有用であるといえよう．本研究では，正情報仮説モデルのみに基づく断定や強い推定によって，推論の幅が過度に狭まってしまうことに，問題意識を見出している．

本書では，アメリカの台湾政策に変更があった可能性も想定されるとしたが，今後の課題としては，これを裏付けることができるような事例について，検討

する必要があろう．台湾関係法に基づいて継続的に実施されている台湾への武器売却などが，その対象となりうるだろう．

　なお資料的制約に対する歪情報仮説モデルの有用性についても，述べておく必要があるだろう．確かに，政府内部における政策過程を記した公文書については，機密指定が解除されない限り，外部からは閲覧することはできない．法令等で定められた一定期間を経過したのち，機密指定が解除されるのを待ってから，公文書を読み解き，過去の政策過程について検証するのが，ごく一般的な研究手法といえるだろう．これまでの研究では，行政府の内部限りで実施される政策変更については，公文書の機密指定が解除されない限りは，明らかにすることは難しいとされてきた．

　ところが，歪情報仮説モデルを用いれば，こうした資料的制約の下でも，政策研究をおこなうことができるといえるだろう．本研究で示しているように，歪情報仮説モデルを使用すれば，政策担当者からの発信とは異なるシナリオの可能性を示すことができる．そこには，政策過程を記した文書が公開される以前に，政策変更を示唆する可能性も含まれている．したがって，これまでは資料的制約によってきわめて難しいと思われていた同時代的な検証に対して，道筋を一定程度示している．すなわち，歪情報仮説モデルによるアプローチによって，従来とは異なる政策発信がなされた場合はもちろん，一見すると従来とは変更がないように思われる政策発信が実は歪められてなされている可能性，さらには政策変更がなされている可能性を，政策発信の直後に指摘できる．公文書の機密指定の解除には，少なくとも数年から数十年の時間を要する．このことに鑑みても，政府内部の政策に関する研究は，歪情報仮説モデルによって飛躍的な進歩を遂げる可能性があろう．

　加えて，本研究で新しく提示したモデルについて，拡張の可能性について述べておきたい．今後，歪情報仮説モデルを拡張することができれば，研究をさらに発展させることが可能となるだろう．

　出版直前に本書には，新たな意義が加わった．第二次トランプ政権が発足したからである．トランプ再登場から脱稿までに時間的猶予がほとんどなく，本論で体系的に論じることが困難であったので，ここで簡述したい．

終　章　「歪情報」から読み解くアメリカの台湾政策　　*157*

　本書で明らかにしたように，第一次トランプ政権の台湾政策は，大統領の台湾に対する無関心とは裏腹に，連邦政府によって強力に推し進められた．同時に，連邦議会でも立法活動が活発に展開され，その中にはルビオ国務長官の姿もあった．上院議員として台湾政策の推進力となったことから，本書にも何度も登場する．

　トランプ2.0においても，たとえ大統領自身が台湾に強い関心を抱いていなくても，連邦政府や連邦議会が役割を果たすことで，台湾政策が推進される可能性がある．アメリカの台湾関与の中核である台湾への武器売却についても，「一つの中国」政策が見直しの対象となるかは，予断を許さない．ただし少なくとも，レーガン大統領による 6 つの保証はさらに公然化され，『「一つの中国」政策の換骨奪胎』は進むだろう．

あ と が き

　本書の執筆にあたっては，多くの方々にお世話になった．この場を借りて，御礼を申し上げたい．

　まずは，博士論文の審査を許可してくださった嘉悦大学に，感謝したい．筆者は，博士論文「政策情報と外交政策——米国の台湾政策に関する事例研究と『歪情報』仮説モデル——」を提出し，2023年9月に博士号を授与された．本書は同論文に加筆修正することによって作成した．嘉悦大学の高橋洋一教授，真鍋雅史教授，京都先端科学大学の土屋貴裕准教授には，多くのご指導を頂いた．先生方からのご助言がなければ，博士号取得には至らなかった．

　また，筆者の所属先である皇學館大学では，教育にあたりながら，研究を進める環境を整えていただいた．河野訓学長，富永健現代日本社会学部長，新田均前学部長をはじめ，教職員各位に感謝したい．なお本書の刊行にあたっては，皇學館大学出版助成金の交付を受けた．

　そもそも，東京大学法学部在学時にご指導いただいた北岡伸一教授，久保文明教授，中谷和弘教授，平野聡教授には，学問の面白さを教えていただいた．久保先生が防衛大学校に移られてからも，先生および久保門下の諸兄には，科学研究費助成事業（基盤研究（A）21H04388）「現代アメリカにおける政治的地殻変動：政党再編と政策的収斂」等で共同研究をさせていただき，多くを学ばせていただいている．

　本書においては，同時代的な政策研究を強調したが，それには筆者がかつて外務省に在職し，政策実務に携わっていたことが大きく関係している．外務省のかつての先輩同僚諸氏からは，現在も多くの示唆を得ている．また駆け出しの外交官として，中国語習得の機会を与えられたことが，本研究を進める上で大きな助けとなった．

　この間，海外の大学や研究機関とのコラボレーションの機会に恵まれた．本書との関係でいえば，アメリカ関連では，パシフィック・フォーラムで在外研

究を実施し，国務省と東西センター共催のセミナーではスピーカーを務め，ジャーマン・マーシャル基金と笹川平和財団共催の若手戦略家フォーラムに参加した．台湾では，台湾大学，中華経済研究院，国防大学でそれぞれ在外研究を実施し，研究者に加えて，多くの政府高官や軍幹部，与野党政治家から知的刺激を受けた．

紙幅の関係でいちいちお名前を挙げることはできないが，その他にも多くの先生方からご教示を賜ったことによって，本書刊行の運びとなった．本書は，晃洋書房の徳重伸さんが根気強く編集にあたってくださったことで，刊行に辿り着いた．

最後に，家族（父 村上建夫，母 順子）をはじめとした自分の身の回りの人びとに，感謝したい．

2025年 3 月

村 上 政 俊

主要参考文献

〈邦文献〉

安倍晋三著，北村滋監修『安倍晋三回顧録』中央公論新社，2023年.

アリソン，グレアム／ゼリコウ，フィリップ（漆嶋稔訳）『決定の本質——キューバ・ミサイル危機の分析—— 1〔第2版〕』日経BP社，2016年.

五百旗頭薫『〈嘘〉の政治史——生真面目な社会の不真面目な政治——』中央公論新社，2020年.

五十嵐隆幸『大陸反攻と台湾——中華民国による統一の構想と挫折——』名古屋大学出版会，2021年.

久保文明編『G. W. ブッシュ政権とアメリカの保守勢力——共和党の分析——』日本国際問題研究所，2003年.

————『アメリカ外交の諸潮流——リベラルから保守まで——』日本国際問題研究所，2007年.

————『アメリカ政治を支えるもの——政治的インフラストラクチャーの研究——』日本国際問題研究所，2010年.

佐橋亮『共存の模索——アメリカと「二つの中国」の冷戦史——』勁草書房，2015年.

東京財団政策研究所監修，久保文明編『トランプ政権の分析——分極化と政策的収斂との間で』日本評論社，2021年

東京財団政策研究所監修，久保文明・阿川尚之・梅川健編『アメリカ大統領の権限とその限界——トランプ大統領はどこまでできるか——』日本評論社，2018年.

中谷和弘・河野桂子・黒﨑将広『サイバー攻撃の国際法——タリン・マニュアル2.0の解説——』信山社，2018年.

ベーダー，ジェフリー・A.（春原剛訳）『オバマと中国——米国政府の内部からみたアジア政策——』東京大学出版会，2013年.

防衛省『防衛白書』（各年版）.

宮田智之『アメリカ政治とシンクタンク——政治運動としての政策研究機関——』東京大学出版会，2017年.

〈欧文献〉

Allison, Graham, *Destined for War: Can America and China Escape Thucydides's Trap?*, Houghton Mifflin Harcourt, 2017.

Bader, Jeffrey A., *Obama and China's Rise: An Insider's Account of America's Asia Strategy*, Brookings Institution Press, 2012.

Benkler, Yochai, Faris, Robert and Roberts, Hal, *Network Propaganda: Manipulation, Disinformation, and Radicalization in American Politics*, Oxford University Press, 2018.

Bolton, John, *The Room Where it Happened*, Simon & Schuster, 2020.

Bush, Richard C., *At Cross Purposes: U.S.-Taiwan Relations Since 1942*, Routledge, 2004.

Calder, Kent E., *Asia in Washington: Exploring the Penumbra of Transnational Power*, Brooking Institution Press, 2014

Chen, Dean P., *US-China-Taiwan in the Age of Trump and Biden: Towards a Nationalist Strategy*, Routledge, 2022.

Davis, Bob and Wei, Lingling, *Superpower Showdown: How the Battle Between Trump and Xi Threatens a New Cold*, Harper Business, 2020.

Doshi, Rush, *The Long Game: China's Grand Strategy to Displace American Order*, Oxford University Press, 2021.

Easton, Ian, *The Chinese Invasion Threat: Taiwan's Defense and American Strategy in Asia*, Eastbridge Books, 2019.

Esper, Mark T., *A Sacred Oath: Memoirs of a Secretary of Defense During Extraordinary Times*, William Morrow, 2022.

Gingrich, Newt, *Trump vs. China: Facing America's Greatest Threat*, Center Street, 2019.

Giusti, Serena and Piras, Elisa eds., *Democracy and Fake News: Information Manipulation and Post-Truth Politics*, Routledge, 2021.

Green, Michael J., *By More than Providence: Grand Strategy and American Power in the Asia Pacific Since 1783*, Columbia University Press, 2017.

Hass, Ryan, *Stronger: Adapting America's China Strategy in an Age of Competitive Interdependence*, Yale University Press, 2021.

Lilley, James R. with Lilley, Jeffrey, *China Hands: Nine Decades of Adventure, Espionage, and Diplomacy in Asia*, Public Affairs, 2004.

McMaster, H. R., *Battlegrounds: The Fight to Defend the Free World*, Harper, 2021.

Mann, James, *About Face: A History of America's Curious Relationship with China from Nixon to Clinton*, Vintage Books, 2000.

Pence, Mike, *So Help Me God*, Simon & Schuster, 2022.

Pillsbury, Michael, *The Hundred-Year Marathon: China's Secret Strategy to Replace America as the Global Superpower*, Henry Holt and Company, 2015.

Pompeo, Mike, *Never Give an Inch: Fighting for the America I Love*, Broadside Books, 2023.

Rid, Thomas, *Active Measures: The Secret History of Disinformation and Political Warfare*, Farrar Straus & Giroux, 2020.

Rogin, Josh, *Chaos Under Heaven: Trump, Xi, and the Battle for the Twenty-First Century*, Houghton Mifflin Harcourt, 2021.

Sutter, Robert G., *US-China Relations: Perilous Past, Uncertain Present*, 4 th edition, Rowman & Littlefield, 2022.

Verbeke, Johan, *Diplomacy in Practice: a critical approach*, Routledge, 2023

Wolff, Michael, *Fire and Fury: Inside the Trump White House*, Henry Holt and Company, 2018.

Woodward, Bob, *Fear: Trump in the White House*, Simon & Schuster, 2018.

――――. *Rage*, Simon & Schuster, 2020.

Woodward, Bob and Costa, Robert, *Peril*, Simon & Schuster, 2021.

〈中国語文献〉

林碧炤・林正義編『台湾関係法30年　美中台関係総体験』巨流図書公司，2009年.

人 名 索 引

ア 行

アイゼンハワー，ドワイト　36
安倍晋三　37, 51
アーミテージ，リチャード　43, 106, 114
アリソン，グレアム　138
アレン，ジョン　110
イェーツ，スティーブン　15
イゲ，デビッド　48
イーストン，イアン　80
泉裕泰　37, 55
インホフ，ジェームズ　25, 27, 31
ウィップス，スランゲル　93
ウォーカー，スコット　16
ウォルフォウィッツ，ポール　88
ウォン，アレックス　26
ウッドワード，ボブ　17
エイザー，アレックス　36, 50, 84
エスパー，マーク　99
エンゲル，エリオット　44
王毅　102, 104
オースティン，ロイド　148
オードカーク，サンドラ　55, 99
オバマ，バラク　13, 69, 118
オブライエン，ロバート　19, 22, 49, 77, 83
温家宝　12

カ 行

郭台銘　16
華春瑩　117
カーター，ジミー　116
ガードナー，コリー　27, 28, 31, 42, 44, 47, 49
韓国瑜　51
岸信夫　51
岸信介　95

キャンベル，カート　114

ギングリッチ，ニュート　24, 144
クウェイル，ダン　40
久保文明　4
クラック，キース　37, 84
クラフト，ケリー　39
グラム，リンゼイ　31
クリステンセン，ブレント　55
クリストファー，ウォーレン　24
グリナート，ジョナサン　86
クリンク，ハイノ　85
クリントン，ビル　45
グリーン，マイケル　106, 110
クルーズ，テッド　32, 40, 42, 46, 48
クルーズ，トム　22
グレイザー，ボニー　106
クーンズ，クリス　32, 48
厳徳発　91, 94
黄曙光　87
胡錦濤　28, 50
呉釗燮　55
コックス，クリストファー　24
コットン，トム　31, 42, 48
コーニン，ジョン　42

サ 行

蔡英文　1, 14, 38, 42, 50, 115
サリバン，ジェイク　115
サリバン，ダン　31, 32
シェイ，デニス　34
シャドロウ，ナディア　109
シャボット，スティーブ　25, 44, 116
習近平　13, 28, 83, 144
シュライバー，ランドール　37, 68, 108, 114
蒋介石　36

蔣経国　119

蕭萬長　49

蕭美琴　49, 54, 89, 117

徐斯倹　98

ジョンソン，エディー　30

沈一鳴　88

スチュードマン，マイケル　85

スタヴリディス，ジェームズ　86, 111

スティルウェル，ディビッド　21, 108, 117

ステフ，イアン　27, 55

ストークス，マーク　114

スミス，クリス　40

蘇嘉全　50

ソーントン，スーザン　113

タ・ナ行

ダシュル，トーマス　111

ダットン，ピーター　103

タレント，ジム　34

チェイニー，ディック　40

張忠謀（モリス・チャン）　27, 38

陳建仁　102, 111

陳時中　36, 50

陳水扁　1, 13, 41, 92, 120

陳唐山　27

ディカルロ，ローズマリー　16, 113

デービッドソン，フィリップ　115

トランプ・ジュニア，ドナルド　34

トランプ，ドナルド　14, 52, 90

トワイニング，ダニエル　35

トン，カート　110

ニクソン，リチャード　82

ヌーランド，ヴィクトリア　111

ネイサン，アンドリュー　43

ハ　行

バイデン，ジョー　7, 144

馬英九　1, 13, 42, 50, 92

ハス，ライアン　109

バーソロミュー，キャロライン　34

ハーター，クリスチャン　95

ハッサン，マギー　32

パーデュー，デビッド　32

バノン，スティーブ　15

ハムレ，ジョン　110

ハリス，ハリー　89

ハンツマン，ジョン　112

ヒックス，トミー　34

ヒルズ，カーラ　35

福地櫻痴　137

ブッシュ，ジョージ・H. W.　35, 75

ブッシュ，ジョージ・W.　12, 68

ブッシュ，リチャード　106, 110

ブラウンバック，サム　39

プリーバス，ラインス　35

ブリンケン，アントニー　50

フリン，マイケル　22

フルナー，エドウィン　15, 108

ブレア，デニス　94

ペローシ，ナンシー　34, 43, 48, 49

ペンス，マイク　14, 20, 99

方励之　21

ポッティンジャー，マシュー　21, 89, 98

ホーナン，ジェフリー　95

ボルトン，ジョン　6, 17, 48, 109, 116

ポンペオ，マイク　21, 23, 54, 102

マ・ヤ行

マクマスター，ハーバート　109

マケイン，ジョン　31, 46, 50

マコネル，ミッチ　34

マスト，キャサリン　48

マッカーシー，ケヴィン　148

マティス，ジェームズ　88

メデイロス，エヴァン　50, 109

メネンデス，ロバート　25, 36, 44, 48, 49

モディ，ナレンドラ　103

森喜朗　37

楊潔篪　　3
葉剣英　　119

ラ・ワ行

ライアン，ポール　　16, 33, 45, 50
頼清徳　　49, 84
ラッセル，ダニエル　　118
李喜明　　77, 87
李大維　　48, 117
リチャードソン，ジョン　　73, 82
リッシュ，ジム　　49

李登輝　　1, 20, 24, 36, 40, 84
リリー，ジェームズ　　119
ルビオ，マルコ　　25, 36, 40, 42, 45, 47-49, 113, 116, 118
レイ，クリストファー　　23, 39
レーガン，ロナルド　　107, 115
ロイス，エド　　27, 31, 47, 52
ロイス，マリー　　52
ロックリア，サミュエル　　94, 115
ワインシュタイン，ケネス　　108

事 項 索 引

アルファベット

B52戦略爆撃機　85

F-16C／D戦闘機　71

Ｍ１Ａ２戦車　45, 70

MC-130特殊作戦機　85

TAIPEI法　21, 28, 67, 76, 100, 103

ア 行

アジア再保証推進法（ARIA）　27, 67, 72, 76, 116

アジア太平洋安全保障研究センター（APCSS）　90

アジア太平洋経済協力（APEC）首脳会議　38

アトランティック・カウンシル　112

アメリカ沿岸警備隊（USCG）　83

アメリカ合衆国憲法　4, 8, 11, 56

アメリカ艦船の台湾海峡航行　81

アメリカ航空宇宙局（NASA）　47

アメリカ在郷軍人会　86

アメリカ在台協会（AIT）　36, 51

アメリカ産牛豚肉の輸入　38

アメリカ進歩センター（CAP）　111

アメリカ第７艦隊　81, 95

アメリカ第13空軍　84

アメリカの防衛義務　120

アメリカン・エンタープライズ公共政策研究所（AEI）　109

アメリカン航空　23

一次情報　135

インド太平洋軍　88

インド太平洋戦略報告書（国防総省版）　17, 72, 77

インド太平洋報告書（国務省版）　18

インド太平洋におけるアメリカの戦略的枠組み　5, 19, 77

ウイグル問題　40

ウィルソン・センター　20, 112

ウォール・ストリート・ジャーナル紙　22

ウクライナ　73

遠景基金会　39, 108, 111

オーラルヒストリー　135

カ 行

海峡両岸経済協力枠組協定（ECFA）　84

外交休戦　97

核心的利益　i

嘉手納飛行場　85, 96

漢光演習　80, 86, 94

議会上下両院合同会議　42

岸・ハーター交換公文　95

共和党政策綱領　116

共和党全国委員会　34

共和党全国大会（2016年）　34

クアッド　27

グアム　95, 100

グアムドクトリン　82

クインジー研究所　107

空軍士官学校（アメリカ）　90

グローバル協力訓練枠組み（GCTF）　55

グローバル台湾研究所（GTI）　104

経済安全保障　38

ケイトー研究所　107

ケタガラン・フォーラム　39

高機動ロケット砲システム（HIMARS）　72

公然化　3, 53, 81, 89

合理的行為者モデル　138

小切手外交　20, 100

国際機関への台湾の参画　30

国際共和研究所（IRI）　35, 112

国際的信教の自由法　39
国際民間航空機関（ICAO）　22, 30
国防授権法　83, 92
国防総省　77
国防大学（アメリカ）　90
国民党　20
五四運動　22
誤情報（misinformation）　139
国家安全保障戦略　11, 56
コーネル大学　24, 41

サ　行

在台湾アメリカ軍　96
在日アメリカ軍基地　95
左営基地　91
残存可能性　78
ジェネラル・ダイナミクス　75
自己検閲　22
シャープパワー　22
ジャーマン・マーシャル基金　114
守勢防衛　78
主要な非NATO同盟国（MNNA）　68
情報戦　7
新アメリカ安全保障センター（CNAS）　111
新南向政策　18, 26
人民解放軍　83, 85
ステルスコルベット沱江　77
政治的インフラストラクチャー　4
正情報仮説モデル　7, 135
青天白日満地紅旗　90
政府内政治モデル　138
世界保健機関（WHO）　29
世界保健総会（WHA）　29
全政府的な戦略　18
全体防衛構想（ODC）　77
戦闘機売却　2
戦闘作戦行動　95
全米アジア研究所（NBR）　94
全米外交政策委員会（NCAFP）　16, 44, 113

全米民主研究所（NDI）　35, 112
全米民主主義基金（NED）　112
全民防衛動員署　80
戦略国際問題研究所（CSIS）　110, 143
戦略的曖昧性　19, 95, 120, 143
組織過程モデル　138
ソマリランド　104
ソロモン諸島　98

タ　行

第一列島線　95
第二列島線　95, 99
第三次台湾海峡危機　41, 82, 143
対外関係授権法　68
大統領継承順位　37, 144
太平島　91
太平洋艦隊　93
台北経済文化代表処　26
大陸反攻　78
台湾海峡の中間線　84
台湾外交部　39, 108
台湾コーカス（上院）　25, 31
台湾コーカス（下院）　25
台湾関係法　i, 2, 12, 18, 25, 67, 116
台湾国防部　77, 81, 89
台湾人公共事務会（FAPA）　27
台湾積体電路製造（TSMC）　22, 27, 38
台湾総統選挙（2020年）　28
台湾統一地方選挙（2018年）　28
「台湾同胞に告げる書」発表40周年　28
台湾における民主主義　36
台湾の民主主義　20, 44
台湾への武器売却　i, 2, 27, 119
台湾防衛決議　24
台湾保証法　29, 76
台湾問題の平和的解決　119, 120
台湾有事　i, 95
台湾旅行法　25, 36, 47, 52, 85, 115
中華台北（チャイニーズ・タイペイ）　23

中距離核戦略全廃条約　95

中国外交部　84, 117

中国に対する戦略的アプローチ　18, 117

中国のWTO加盟　12, 33

中国の軍事力に関する年次報告書　71

中国問題に関する連邦議会・行政府委員会
　（CECC）　33, 40

徴兵制　80

ツインオークス　35, 54

ディスインフォメーション　7

デルタ航空　20, 23

天安門事件　21

東西センター　113

東部戦区　71, 84

トランプ次期大統領と蔡英文総統の電話会談
　14

トランプ大統領の台湾観　16

ナ　行

南沙諸島　92

ニクソン大統領図書館　23

二国論　84

二次情報　135

二重承認　96

二重抑止　120

偽情報（ディスインフォメーション）　136

日米安全保障条約　95, 120

日本台湾交流協会　53, 55

ネバー・トランプ派　109

ハ　行

パシフィック・フォーラム　107

バチカン　101

ハドソン研究所　20, 49, 108

パナマ運河　97

パラグアイ　94

反外国制裁法　34

反国家分裂法　91

半導体　38

非対称能力　77

「一つの中国」原則　117, 120

「一つの中国」政策　15, 68, 120

フェイクニュース（fake news）　139

フォックスコン　16

フォックス・ニュース　15

武漢肺炎　21

武力による中台統一　28

ブルッキングス研究所　109

プロジェクト2049研究所　37, 114

米華相互防衛条約　120

米台国防産業会議　43, 79, 88

米台断交　2, 144

米中共同コミュニケ（1982年）　6, 119

米中共同コミュニケ（3つの）　117

米中経済安全保障再検討委員会（USCC）　33,
　53, 93

米中国交正常化　2

米中対立　i, 3

ヘリテージ財団　14, 48, 107, 117

ペローシ下院議長の台湾訪問　143

ボアオ・フォーラム　50

防空識別圏　96

香港人権民主主義法　112

マ　行

『マーヴェリック（Maverick）』　22

マリオット　23

南シナ海　91

南シナ海に関する比中仲裁判断　92

ミラージュ　74

民進党　20

モントレー対話　89

ヤ　行

ヤマアラシ戦略　77

唯一の機関論　4

ユナイテッド航空　23

葉九条　119

予備役　80

ラ・ワ行

楽山レーダー基地　74
ラクトパミン　38
ランド研究所　80, 95

リムパック（RIMPAC）　92
レイセオン　74
レーガン大統領による6つの保証　5, 6, 18,
　27, 115, 116
ロッキード・マーチン　71
歪情報仮説モデル　7, 139

《著者紹介》

村 上 政 俊（むらかみ　まさとし）

1983年	大阪市生まれ，豪州パース育ち
2007年	東京大学法学部卒業
2008年	外務省入省（国家公務員法律職Ⅰ種）
	大使館外交官補として北京大学，ロンドン大学LSE留学
2021年〜	皇學館大学現代日本社会学部准教授
2023年	博士（嘉悦大学）

海外では，台湾大学，フィンランド国立タンペレ大学，パシフィック・フォーラム（米国），中華経済研究院（台湾），国防大学（台湾）で，客員研究員として在外研究．

現在，中曽根平和研究所客員研究員，日本戦略研究フォーラム上席研究員，東京大学未来ビジョン研究センタープロジェクトメンバー，同志社大学ビジネススクール嘱託講師等を兼任．

主要業績

『アメリカ大統領の権限とその限界──トランプ大統領はどこまでできるか』
　　（共著，東京財団政策研究所監修，日本評論社，2018年）

『トランプ政権の分析──分極化と政策的収斂との間で』（共著，東京財団政策
　　研究所監修，日本評論社，2021年）

「米国のエネルギー政策──エネルギー輸出国への変貌とその地政学的意義」
　　（『国際安全保障』第50巻第4号，2023年）

"Japan Matters for Indo-Pacific Strategy"（*Asia Pacific Bulletin*, 640, 2023）

『フィンランドの覚悟』（扶桑社〔扶桑社新書〕，2023年）

「歪情報」の政治学
──アメリカの台湾政策を読み解く──

| 2025年3月20日　初版第1刷発行 | ＊定価はカバーに表示してあります |

著　者　村　上　政　俊 ©

発行者　萩　原　淳　平

印刷者　河　野　俊一郎

発行所　株式会社　晃　洋　書　房

〒615-0026　京都市右京区西院北矢掛町7番地
電話　075(312)0788番(代)
振替口座　01040-6-32280

装丁　神田昇和　　　　　　印刷・製本　西濃印刷㈱

ISBN 978-4-7710-3940-7

JCOPY 〈㈳出版者著作権管理機構　委託出版物〉

本書の無断複写は著作権法上での例外を除き禁じられています．
複写される場合は，そのつど事前に，㈳出版者著作権管理機構
（電話 03-5244-5088，FAX 03-5244-5089，e-mail:info@jcopy.or.jp）
の許諾を得てください．